自分の弱さをいとおしむ

臨床教育学へのいざない

庄井良信
Shoui Yoshinobu

高文研

◉——もくじ

第7話　親（おとな）もつらい激しい競争社会
――傷ついた人びとの絆が未来をひらく

第8話　夢みる「ムーミン谷」の子どもたち
――公的責任をたいせつにする福祉国家フィンランド

第9話　ひとりで悩まない、ひとりで抱え込まない
――「共依存」ではなく美しい人間愛へ

第10話　子どもとのほどよい距離感覚
――エンパワメントの発達援助学

第11話　癒される心、励まされる心
——聴きとり語り合う絆を「回復」するために

装丁=商業デザインセンター・松田　礼一
イラスト=本田　清美

はじめに

※悩むことは悪くない

子育てや教育は、いろいろな困難の連続です。語りつくせない思いを胸いっぱいに抱え、しんどい現実に、なにも手につかない日があります。自分がもっといい親（援助者）だったらと悔やみながら、眠れない日もあります。子育てや教育は、密度の濃い対人援助のいとなみですから、深く悩むこと、不安になること、悲しむことも多いのだと思います。でも、それは、誠実に生きている証拠《あかし》なのだと思います。

私はこの二〇年、深い困難を抱えた子どもやその援助者たちへの教育相談活動に従事してきました。それは、決して一筋縄ではいかない現実や、思わず後ずさりしたくなるような困難と向き合いながら、おずおずと歩みつづけるしかない日々でした。私にできることは、苦しみや悲しみを生きている人びとの声を「聴きとる」ことと、そのなかからほんのりと見えてくる希望をしみじみと「語りあうこと」でした。おずおずとした歩みがやがておおらかな羽ばたきになる、そのときをじっと待ちながら……。

※ああ、雪だな……と歩む

私が北海道教育大学に赴任した年のある冬の日のことでした。確か一一月の終わりころだったでしょうか、その冬、はじめての激しい吹雪になりました。あたりはぼんやりとした白い闇。視界は二メートルあるかないか。毛糸の帽子をかぶっていても耳は凍りつきそうにしびれました。とぼとぼと歩みを進めるのですが、ときどき自分がどの方向に進んでいるのかわからなくなる。しばれる痛みと軽いめまいを感じながら、まるで黄泉の国にでもつれていかれるような不思議な思いに駆られました。雪まみれになってようやくある学校にたどりつくと、ある先生が、

「北海道の冬はどうですか。吹雪のなかを歩くと、なんだか燃えてくるでしょう。こんな吹雪に負けるものか、と歯を食いしばって冷たい風に向かっていくと、ああ生きているなあ、という感じがするでしょう」

と、嬉しそうにいいました。

私は、冷えきったコートの雪を払い、靴底にへばりついた雪をけり落としながら、「そうか、北海道の人たちは、そんなふうに雪と向かい合ってたたかっているのか」と思いながら聞いていました。そこへ通りすがりにもう一人の先生がやってきて、「あら、私だったら歯なんか食いしばらないな」

といいました。

「先生ならどうするのですか?」

と尋ねると、

「私? 私なら、ああ雪だな……と思いながら、トボトボ歩くだけよ」

というのです。

私は、その言葉にしみじみと共感しました。胸をひき裂かれるような困難と向き合うことの多い教育臨床の仕事には、「ああ、雪だな……」とたたずみながら、ふきさらしの野原をとんぼりと歩いている姿がとても似合うように思えたからです。前にも後ろにも進めず、その場にたたずんでしまわざるをえないような吹雪のなかを「ああ、雪だな……」と思いながらトボトボと歩いている。しかし気がつけばその歩みはしっかりと前に進んでいる。そういう営みが、困難の多い子育てや教育の日常の姿と重なり合っているように感じたからです。

ポール・バレリーという作家は、ある書物のなかで「我々は、後ずさりしながら未来に入っていくのだ」という美しい表現をしていましたが、このような歩みかたがとても意味深いものに思えてなりません。だから、教育実践がうまくいかないとその場にたたずみ、悩み、思わず後ずさりしている人びとのことを、深く信頼し、尊敬せずにはいられないのです。

井伏鱒二さんの『厄除け詩集』（講談社文芸文庫）に次のような作品があります。

なだれ

峯の雪が裂け
雪がなだれる
そのなだれに
熊が乗ってゐる
あぐらをかき
安閑と

莨《たばこ》をすふやうな恰好で
そこに一ぴき熊がゐる

子育てや教育で、さまざまな困難と向かい合い、その発達を援助していく教育臨床の仕事は、この「なだれ」という詩の形象（イメージ）ととてもよく響きあうように思います。「なだれ」を恐れて逃げるのでもない。「なだれ」に歯を食いしばって立ち向かうのでもない。ましてや「なだれ」に絶望して飲み込まれるのでもない。そうではなくて「なだれ」を沈着に、冷静に、穏やかに全身で感受しながら、視線を遠くにもって生きている。姿勢はいつも崩れない。作家の大江健三郎さんが『「自分の木」の下で』（朝日新聞社、一一九頁）という美しい本のなかで触れられているように、この「熊」の身構えには、どこか威厳があり、どこか尊敬の念さえ感じさせるものがあるように思えます。私自身、この熊みたいに生きられたらいいな、と感じることもよくあります。

※心優しい人びとの悲しみ

しかし、私たちはいつもこの「熊」のように生きられるわけではありません。セーフティ・ネットも機能不全になる激しい競争社会のなかで、いま、親も子も、そして教師や地域の援助者たちも、いつこの社会から（たいせつな人との絆から）見捨てられるかわからないという激しいストレスを抱えています。しかもそれは心の奥深いところに深刻な影響（心的外傷や深層乖離《しんそうかいり》）を与えかねない状況です。

私たちはある意味で、そういう難しい時代を生きている。そうだとすれば、親や教師や地域の援助者など、発達援助にかかわる人びとが、たとえどんなに優しく誠実でベテランであったとしても、とまどい悩まざるをえない事態に遭遇するのは当然なのだと思います。

ただし、このように深い傷を抱えざるをえなかった子どもたちと、無防備な「素手」で、ただあついハート（人情のあつさ）だけで向き合うと、たいへんな困難を抱えることがあります。きのうはあんなに理解しあえたと思っていた子どもたちが、次の日には手のひらを返したように激しい「愛情試し」や攻撃（援助者にとってはそう見える行為）をしかけてくることもあります。

ハートのあつい人情肌の援助者たちは、そのような「愛情試し」や攻撃に右往左往せざるをえないこともしばしばです。そのために、心優しい親や援助者ほど、そういう子どもたちと「人情」で向き合うなかで、ご自身が深い「心の傷」を負わざるをえない状況もひろがっているように思います。

その意味では、今日、誠実でやさしい親や援助者ほど、たいへん多くの悩みを抱えることはありえるし、どんなにベテランで熱心な人びとでも、理解しがたい困難な事態と向き合い、深く悩むということ（前にも後ろにも進めない状況のなかで思わずたたずんでしまうこと）はありえるのだと思います。育て方が悪いから悩むのではありません。指導力がないから悩むのではありません。家族や職場の同僚たちと語り合うときも、この前提がとてもたいせつなのだと思います。

》第1話《

自分の弱さをいとおしむ

——「教育臨床」という仕事への第一歩

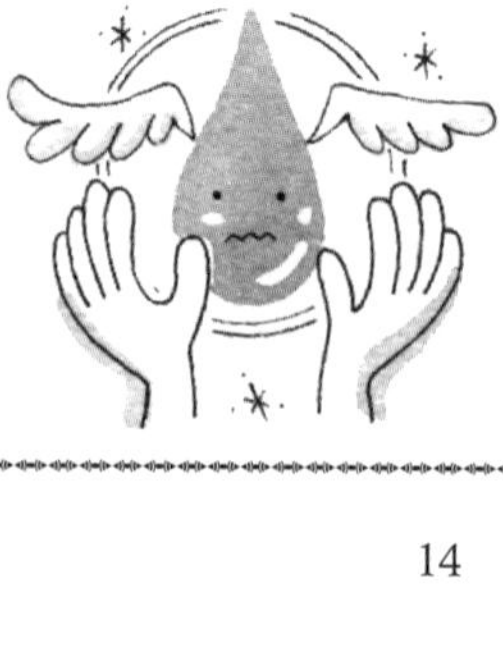

※「痛み」を抱く人間はいとおしい

ある冬の日の午後のことでした。私たちが共同研究をしている小樽のある高校の一室で、一人の同僚が、「ここを読んでみてください」と、一冊の本を手渡してくれました。それは高橋敏夫さんの『藤沢周平——負を生きる物語』（集英社）という新書でした。同僚が指さしたところには「失敗の痛みを抱いていない者は少ない」という小見出しがつけられ、藤沢周平の「啄木展」（一九八七年）の次のような一節が引用されていました。

「人はみな失敗者だ、と私は思っていた。私は人生の成功者だと思う人も、むろん世の中には沢山いるにちがいない。しかし自我肥大の弊をまぬがれて、何の曇りもなくそう言い切れる人は意外に少ないのではなかろうかという気がした。かえりみれば私もまた人生の失敗者だった。失敗の痛みを心に抱くことなく生き得る人は少ない。人はその痛みに気づかないふりをして生きるのである」（31〜32頁）

私は、石川啄木に思いを寄せながらつづられた藤沢周平のこの一節を読んで、ほんとうにそうだと思いました。子育てや教育は、ある意味で「失敗の痛み」の連続かもしれません。それを「心に抱くことなく生き得る人」は、ほとんどいない。私は、教育臨床の仕事は、この失敗の痛みを心に抱きながら生きている多くの人びとの生活に寄り添うことからはじまるのだと考えています。

山田洋次監督の映画『たそがれ清兵衛』の原作者でもある藤沢周平は、過剰な情感におぼれない淡々とした現実を描写しながら、揺れる人間の深い現実を、冷静に、沈着に、穏やかに見つめつづけています。これは深い子ども理解にもとづきながら、発達援助のありかたを考える教育臨床のまなざしに近いものだと、私は感じています。

私が「教育臨床」の仕事を考えはじめたのは、もう十数年前のことです。若い頃には、青春ドラマのように「弱音をはくよりは前へ進め」と励ますことが、ロマンあふれる教育だと考えていたときがありました。「強さ」を見つけては「すごいじゃないか、やればできるじゃないか」と評価し、子どもを前へ前へと押しだし、やがて気づいたときには、その子の「弱さ」がなくなっていくような働きかけこそが「指導」だと思っていたときがありました。

そのころ、私はあるカンファレンス（事例検討会）で魅力的な心理カウンセラーと出逢いました。まだ二〇歳代で、教育者としての力みのあった私に、そのカウンセラーは、

「庄井さん、カウンセラーという仕事には、いろいろな性格の人がいていいと思うのよ」

といいました。

「そうですね。教師もそうだといわれますよね」

と私が答えると、

「でもね、教育相談の仕事に従事する人に、もしたった一つだけたいせつな力があるとしたら、それは何だと思われますか」

とたずねられました。私は、勢いあまって、

「それは、『共感』する力と、『受容』する力ですか」

といいましたら、そのカウンセラーはにっこりと微笑まれて、

「庄井さん、子どもに『共感』するとか、子どもを『受容』するとか、これって、とっても難しいことですよね……」

と、しみじみとおっしゃいました。そういえば、そのとおりだな、と思いながら考えていると、そのカウンセラーが、突然、こうたずねられたのです。

「庄井さんは、ご自分で、ご自分の『弱さ』をしんみりと見つめるってどんな感じか、考えたことがありますか？」

そういわれて、私は、じっと考え込んでしまいました。二〇歳代の私にとって、自分の「強さ」とは何か、という問いは、いつも考えざるをえないものでした。しかし、自分の「弱さ」をしんみりと見つめるとどんな感じがするのか、というような問いには思わずとまどってしまいました。

さらにこのカウンセラーは、こうたずねられました。

「庄井さんは、ご自分で、ご自分の『弱さ』をいとおしいという感じは、どんな感じか考えたことがありますか?」

そうたずねられて、私は、さらにしんみりと考えざるをえませんでした。そして最後に、彼女は、とても穏やかな口調で「カウンセラーにとって一番たいせつな資質の一つは、自分の弱さをいとおしむちからかもしれない」とつぶやきました。彼女のこのなにげない一言は、その後も、私の胸の奥深いところから離れませんでした。

※「弱さ」を恐れる子どもたち

表情が乏しく自分の世界に閉じこもりがちな子どもや、ふとしたことでパニックになり暴力的になりやすい子どもは、自分の「弱さ」としんみりと向きあう機会に恵まれず、自分の「弱さ」と向き合うことを、ひといちばい恐れながら、ひとりで重荷を背負い込み、しんどい思いを重ねているのではないか、と思うことがしばしばあります。

ある「社会的ひきこもり」を生きている青年は、次のようなことを語っていました。

「少年時代から、いつも『一流』であることを期待され、自分もその期待に応えようとがんばってきました。『強さ』こそが勝利の方程式で、『弱い自分』は、打ちのめす対象でしかなかったのです。自分の『弱さ』が認められない毎日で、いつしか心と身体がばらばらになって動かなくなっていったような気がします」

少年事件の加害者たちも、その事件の経緯をていねいにたどってみると、こう感じることがよくあります。この子たちは、いつも「強さ」にしがみついて生きざるをえなかったのではないか。金銭や権力という幻の「強さ」を、絶望的に信じる生きかたに追いつめられながら、「弱さ」を感じさせるものを見下し、さげすみ、いやしめるという行動を繰り返さざるをえなくなったのではないだろうか。殺傷事件の加害者たちの多くは、「弱さ」を抱えた自分と、黙って寄り添ってくれる誰かがいない寂しさに、心がつぶされそうになる毎日を過ごしていたのではないか。そう思うのです。

このような子どもの姿は、小学校の教室風景にも見られます。

ある小学校での算数の時間のことでした。似たような広さの二つの四角形の面積を、いろいろな形のタイルをつかってワークシートで比較する授業でした。丸いタイルや、三角形のタイルや、長方形のタイルや、正方形のタイルなど、大小さまざまなタイル教具が教室の前に並べられていました。

これなら比べられるか、あれなら比べられるか、と試行錯誤しながら、広さを比べるのに便利な道具（ここでは一センチ角の正方形タイル）を、子どもたちが発見していけるように、授業が構想されていました。まちがいながら、つまずきながら、ともだちと学び合ってほしいというのが教師の願いでした。

ところが、子どもたちは、たがいに目くばせをして、なかなかタイルを取りにいきません。クラスのなかで、いちばんまちがいそうもない男の子が正方形のタイルをとるのを見ると、ほとんどの子どもたちが正方形のタイルをとりに行きました。

ある女の子が、正方形は、正方形だったのですが、一センチ角ではなく二センチ角の大きさのタイルを自分の机に持って帰りました。すると、ワークシートの一方の四角形から、その子が持ち帰った二センチ角のタイルがはみ出してしまったのです。見ると、その子の後姿がみるみる硬直し、顔がまっかになっていくのです。「まちがってしまった……」と思った瞬間に、身体がかたまって目にいっぱい涙をためているのです。

失敗を恐れ、まちがいを恐れ、「弱い」自分と向き合うことを恐れる子どもたちは、子ども時代に、はにかみながらおずおずとまちがう権利を奪われてきた子どもたちではないのか。不安なとき、しんどいときに、自分の「弱さ」を誰かといっしょにしんみりと向き合ってもらう経験を奪われてきた子どもたちではないのか。そう思うのです。

このように、強さへの過剰な依存と、弱さの過剰な拒否は、いま子どもたちにとても生きづらい心模様を生みだしているのではないでしょうか。

※はじめの第一歩

子育てをしながら、子どもに「強い」部分と「弱い」部分とがあったら、「強い」部分を見つけてほめる。私たちはこれがいい教育だと暗黙のうちに思い込む。

日本が高度経済成長の時代には、がんばれば報われる、という神話が生きていました。「強く」なることが幸せの方程式だと感じられる時代がありました。ところが、そういう時代は、経済システムとしては、もう一九七〇年代の前半には頭打ちになっていました。すると、今度は、自分は落ちないようにしようという競争が生まれる。自分だけは一番下にはならないぞと、まるで樽のなかで窒息しないようにもがいているどじょうのように、陰湿な競争社会が生まれる。

「強く」なることが幸せを勝ちとる方程式だった時代から、「弱く」ならないことが幸せを守るための方程式になる時代へ、「強さ」を求める競争から、「弱く」ならないことを強いられる競争へ、いま日本の経済システムや、それを助長する一部の政策路線の影響のもとで、私たちは「弱さ」を表現することへの不安がとても強い社会を生きています。親も、援助者も、子どもたちもこの空気を吸って生きています。

とくに教師や指導員という職業は、現代のような社会や経済状況のなかでは「弱みをみせたらおしまいだ」という強迫観念が身体にしみつきやすいのだと思います。しみじみと自分の「弱さ」をいとおしむ。この臨床感覚こそが、愚かで賢く、弱くて強い民衆が、たいせつにし続けた、人間らしい子育ての知恵の一つなのだと思います。それはまた、安易にスーパースターに心酔し、大きなちから（権力）に依存していく「こころの危機」（不幸な戦争）からわたしたちを救済してくれるのかもしれません。

北欧の童話『ムーミン谷の彗星』（講談社）にこんな一節があります。ムーミンが、ムーミン谷に迫りくる巨大な彗星を見上げながら、親友のスナフキンにこう語りかけます。

「彗星って、ほんとうにひとりぼっちで、さびしいだろうなあ……」

するとスナフキンはこうつぶやきます。

「うん、そうだよ。人間も、みんなにこわがられるようになると、あんなに、ひとりぼっちになってしまうのさ」

私はこの一節がとても好きです。「強さ」を純粋に追いつづけ、純化された「強さ」の世界をつくろうとする人間は、みんなひとりぼっちになる。これは現代社会の権力者たちの多くが密かにおそれていることなのではないでしょうか。

親や援助者が、このような「強さ」へ強迫するまなざしから自由になり、自分の「弱さ」がいとおしめるようになるとき、子どもの「弱さ」がいとおしめるようになる。子どもの「弱さ」がいとおしめるようになるとき、子どもの内部にもごもごと動いている発達の芽が見えるようになる。ここに教育臨床の仕事のはじめの第一歩があるのだと思うのです。

》第2話《

「よわね」をはいても大好きだよ

——自分を愛する心（自己肯定感）を贈る

※「浮き輪」のない「応援団」

茨木のり子さんの詞華集『おんなのことば』（童話屋）のなかに次のような一節がありま す。子どものなにげない「声」を聴きとるすばらしい感性だと思います。

みずうみ

〈だいたいお母さんてものはさ

・・・
しいん
としたとこがなくちゃいけないんだ〉
名台詞《めいせりふ》を聴《き》くものかな！
ふりかえると
お下げとお河童《かっぱ》と
二つのランドセルがゆれてゆく
落葉の道
お母さんだけとはかぎらない
人間は誰でも心の底に
しいんと静かな湖を持つべきなのだ
（以下略）

パニックを起こしやすい子どもの多くは、心の深いところでしいんと鼓動している素直な感情の動き（あるがままの感情）をうまく言葉にできずに、あるいはうまく伝えられずに苦しんでいる子どもたちではないか、と感じることがあります。多弁でおしゃべりであっても、その言葉は、しいんとした自分の深い感情に触れることなく、湖上でからまわりしている子が、突然、激しい攻撃性をあらわにしてくることがよくあるからです。

このような子どもたちの場合、とくに自分の心のなかにモゾモゾとうずいている、つらさ、しんどさ、悲しさ、怒りや憎しみなど、いわゆる「よわね」や「暗い感情」とおずおずと向き合いながら言葉をつむいだり、それをだれかに伝えたりすることが難しいことが多いように思います。

うれしいと感じたときに、その喜びと響きあいながら、それを言葉にして喜んでくれるだれかがいれば、「よくがんばったね」「すごいね」「すてきだね」という励ましの言葉が、ともに喜んでくれたその人のぬくもりと一緒に、その子の心のなかに心の応援団として内面化されます。

悲しいと感じたときに、その悲しみと響きあいながら、その感情を言葉にしてくれるだれかがいれば、「いやだったね」「つらかったね」「いたかったね」という共感の言葉が、ともに悲しんでくれたその人のぬくもりと一緒に、心の浮き輪として内面化されます。

いま、パニックを起こしやすい子どもたちの多くは、この二つの他者像のバランスがおおきく崩れているのではないか、と思うことがよくあります。いま、困難を抱えながら生きている子どもたちは、「心の浮き輪」が見つからない不安におびえながら、「心の応援団」に躍らされるという毎日を過ごしているのではないでしょうか。

※ほめれば「自己肯定感」が育つのか？

最近、教育現場で、子どもの自己肯定感や自尊感情（self-esteem）をはぐくむという言葉が、よく使われるようになりました。子どもが自分で自分を「アイ・アム・オーケー」と肯定し、自信と誇りが持てるように援助することは、とても大事なことだと思います。とくに日本の子どもたちの自己肯定感や自尊感情が、西欧やアジア諸国の子どもたちと比べてとても低いことは、総理府調査などでもあきらかにされていることですから（なぜ日本だけが著しく低いのかという社会的原因にも関心はありますが）、いっそうその思いは強くなります。

しかし、それが「よくできた」「よくがんばった」自分だけを肯定し、誇りに思わせるような援助によって実現されるのか、それとも、「できる」「がんばれる」自分はもちろんのこと、「なかなかできない」「なかなかがんばれない」ときの自分もまるごと肯定し、誇りを抱かせるような援助によって達成されるのかによって、その結果はぐくまれる自己肯定感や自尊感情の性格はおおきく異なってくるのだと思います。

もちろん、「よくできた」「よくがんばった」ことをほめる（認める）ことは、悪いことではありません。子どもは、小さな前進、小さな達成をほめてくれる他者をうれしく思い、信頼するということは事実だからです。しかし、その前進や達成が、おおきくほめられる一方で、「なかなかわからない」「なかなかできない」ときに、さっと視線をそらされることを繰り返されると、子どもはなんともいえない不安になります。その落差が大きい愛されかた（条件つきの愛情）をすればするほど、深い不安を抱きます。

「よくできた」「よくがんばった」自分も愛されるが、「なかなかできない」「なかなかがんばれない」ときの自分も愛される。このようにまるごと愛される経験こそが、自己肯定感や自尊感情を芯の強いものにしてくれるのだと思います。

※はじめて「よわね」がはけたとき

これは私がある小学校の先生からうかがった話です。タケオくん（以下、子どもの名前は仮名・小学校五年生）という子がいました。彼は、学校のテストが始まると、「もういいよ、わからねえよ……」と、叫びつづけていました。担任の先生は、「わからない」ということがタケオくんにとってほんとうにつらいのだろうなと思いながら、その子によりそいつづけました。

この先生は、授業が終わってから希望者に、補習のための「算数教室」をひらいていました。でも、当然のことながら、いちばん心配なタケオくんは、なかなか参加しませんでした。ある日、分数の通分でつまずいたタケオくんが、「おれ、今日は残ってやろうかなあ……」とぽつりとつぶやくと、すかさず友だちのアリマくんが、「ぼくもいっしょに残ってやろうかな」と言ったそうです。

学級でいちばん心配なタケオくんに、うるさくなくほどよい距離感覚でよりそえていたのがアリマくんでした。タケオくんにとっては〈となりのトトロ〉のようにそっとよりそってくれたのです。そのことでとても勇気づけられたタケオくんは、その日はじめて残って一生懸命に算数ドリルをやりました。もちろん先生は、ていねいにタケオくんのわからないところを聴きとりながら教えていました。

ねばりづよく三〇分くらいドリルをやっていましたら、代表委員会からサクライくんが帰ってきました。この子は勉強のスピードが速い子で「ああ、ぼくもやろうかな」というと、タケオくんたちの隣で、ものの五分でさらさらとそのドリルを仕上げてしまいました。今までのタケオくんだったら、それだけでパニックになってキレてしまったかもしれません。けれどその日は違いました。そのとき傍らに〈トトロ〉のようなアリマくんがいましたから……。

サクライくんを横目で見ながら、タケオくんは静かにつぶやきました。

「ぼくもわかるんだったら（宿題を）やってくるのになあ……」

それは、タケオくんが抱え込んでいたせつない感情（よわね）を、おずおずとすなおな言葉にのせられた瞬間でした。

このように、自分が「よわね」をはけ、「オレ、わからねえんだよ」と言えるようになってから、タケオくんはずいぶんと変わりました。

担任の先生は、テストのときもずっとタケオくんについていました。途中から、

「ここは自分でするところ、ここは先生がちょっとだけ教えてあげるところ。ここと
ここは、先生が全部教えてあげるところ」と言って、テストも全部やりきらせました。
それもあってか、テスト中にパニックになることや、激しくわめくことはほとんどな
くなったそうです。

※泣いてもいいよ、泣いたら気持ちよくなるものね

これもあるお父さんからうかがったお話です。ある日、帰宅したときに、いつもは飛びついて迎えてくれるはずの三歳の娘さんが、しょんぼりした顔をしてとぼとぼとやってきたそうです。どうしたのか聞いてみると、その娘さんは涙を浮かべながら、

「あのね、今日はおこられたの」

というのだそうです。どうしておこられたのかたずねると、

「ずっとね、いっぱい泣いたの、泣いて泣いて泣いて……おこられたの」

というのだそうです。そのお父さんは思わず、

「ああ、そうか、泣いていいんだよ、いっぱい泣きな。泣いたら気持ちよくなるものね。お父さんもそういうことあるな……」

とおっしゃったそうです。娘さんはきょとんとした表情で、

「ほんとうに、ほんとうに、泣いてもいいの?」と何度もたしかめて、これは大事件とばかりに、

「お母さん、お父さんが泣いてもいいっていったよ」

と報告していたそうです。

お聞きしてみると、当時、三歳半になる娘さんは、忙しいお父さんお母さんの姿をよく見ていて、泣いたらお父さんやお母さんをこまらせるから、泣かない子になろうと考えていたようだ、ということでした。

この「泣いてもいいよ」という記念日から、幼い娘さんの小さな「自分くずし」がはじまったそうですが、泣いちゃう自分も愛してもらえるという安心感に裏づけられた自己肯定感(自尊感情)は、おおきくふくらんだように思えたとおっしゃっていました。

※小さな夢へ——絆《きずな》を求めて泣く子ども

フランスの心理学者のワロンは、とても興味ぶかいことを指摘しています。ふつう

危機的な状況に直面したときに、人間以外のあらゆる動物は、そこからぱっと撤退するか、あるいは、いちかばちかの攻撃を加えるか、その二つの選択肢しかない。ところが、人間だけはある危機状況と向き合ったときに、その場に立ち尽くして身体をこわばらせて泣く。これはいったいどうしてなのか、というのです。

こまったときに泣く、という行為は、もし人間がまだ進化の過程にあって、進化の最前線にいるという仮説に立つならば、どうも納得がいかない。危ない状況が目のまえに迫ってきているときに、その場からぱっと逃げるとか、相手を威嚇して攻撃するということをしないで、その場で身体を硬くこわばらせて――ある意味では自分を閉ざして――泣くという行動は、どう考えても合理的とはいえない。なぜ人間だけがこうした不思議な行動をとるのか、というのです。

実は、ワロンは、このように身体をこわばらせて泣くという行為は、他者との絆を生む大切な営みだというのです。人間は、泣くという能力（外界からみずからを閉ざす能力）を手に入れることによって、多くの仲間たちを呼びよせながら、その仲間たちとあらたな絆を結びあう能力（他者へみずからを開いていく能力）を獲得しているのだ、というようなことをいっているのです。これは、なかなか考えさせられる指摘です。

※「けんか」はやめるもの?

小さな子どもたちが「けんか」を始めたとします。けんかを始めたときにおとなたちはよく「けんかはだめよ、みんな仲良しにしましょうね」などと諭します。あるいは「どうしたの」とお互いの言い分を聞きながら調停にはいります。

「太郎ちゃん、次郎ちゃんは、ほんとうはこうしたかっただけなんだって」とその思いを代弁し、「次郎ちゃん、太郎ちゃんはほんとうはああしたかっただけなんだって」と同じようにその思いを代弁します。

「ふたりとも嫌いだったわけではないのだ、よかったわね」などと言いながら、「こういうときはなんて言うのかな」と誘いかけて、しぶしぶと「ごめんね」、「いいよ」といわせて握手させることがあります。

これは、先ほどの「けんかをやめて」という諭しよりは、丁寧に子どもたちの感情を言葉にして聞きだしていますし、お互いの思いを響きあわせようとはしています。そういう意味ではいいとりくみだと言えるでしょう。

けれども、おとなの目的が、とにかくこういうトラブルをおこさないでくれ、穏やかな生活に波風を立てないでくれ、ということだけになってくると、子どもが受けとめる意味も少し変わってきてしまいます。

先生が「名奉行」や「裁判官」になって、ある意味ではけんか両成敗的な感じにされて、まるくおさめられてしまうというのは、怒りを表現しあっていた子どもにたちとっては、何となくうまくだまされたような感じで、おたがいにモヤモヤしたものが残ってしまうのではないでしょうか。

※「けんか」が絆をうみだすとき

保育園や幼稚園などで、先生がそういうやりとりをしているときには、まわりに必ず何人かの子どもたちが「どうしたの？」といって集まってきます。これを大切にしたいと思うのです。その集まってくる子どもたちを少しでもそのやりとりの輪のなかに入れて、どう思うかと聞きだし、その子たちにもいろいろ考えさせるような場をつくっていきたい。

そうすれば、先生がいちいち大岡越前のようにお裁きを下さなくても、子どもたちのなかから「どうしようか？」と考えあう渦のようなものが生まれてくる。これが、ほんとうの意味での（もっとも自然な）解決につながるのではないでしょうか。

親や教師が聞きだしてあげると、上手に先取りして解釈してあげてしまうことも多いと思います。短い時間で効率よくその子の気持ちをくみとるというインスタントな世界になってしまうことも多いと思うのです。そうではなくて、子どもたちがまわりに集まってきて、ああだとか、こうだとか、いろいろ考えあうと、時間はかかるのですが、当事者の子どもたちも納得していくことも多いようです。

これまでの子育てや教育実践のなかで「なかまづくり」を大事にしてきた理由のひとつは、子どもたちがこのように思いきり素直な感情をぶつけあって衝突しあったときに、それをだれかが解決してくれるのを待つのではなくて、自分たちで知恵と力をしぼりあいながら解決していける、そういう力を育てたかったところにあるのだと思います。

あるがままの感情としずかに向かい合い、影のようにうずいている悲しさ、しんどさ、つらさというような暗い感情を感じることは罪ではないし、決して悪いことではない。いわゆるマイナスの感情を抱く自分であっても、まるごと愛してくれる人がいてくれる。そう信じられるようになったときにはじめて人間は、ほんとうの意味で自己肯定感（自尊感情）を抱くことができるようになるのではないでしょうか。

そのために必要なのは、マイナスの感情とおずおずと向き合いながら言葉をつむぎあえるだれか（仲間）との絆を見つけていくことだと思います。仲間づくりの基本は「よわね」をはいても大好きだよ、と言い合える関係性を創ることにあるのだと思います。

※閉ざすことで開こうとしている身体

人間らしく悩む能力というのは、実は、すごく原始的なところで、身体と身体が響きあいながら「ああ今の私のこの感じがわかってくれている」と実感できる他者がいることへの信頼がベースになっているような気がします。それらが、おぼろげだったり、あやうかったりすると、なにか悩みを抱えたときに、他者と響きあってなんとかしていこうという構えができなくなる。だからなにもかも自分ひとりで抱え込んで、自分で自分を責めつづけながら、しんどい毎日をおくらざるをえなくなる。

そう考えると、悩んで、困って、泣いて身体を硬くしている（こわばらせている）という反応は、響きあえない悲しみであると同時に、自分と響きあってほしいという心の深層からの叫びなのかもしれません。

泣くという行為に象徴されるように、子どもがいったん身体を硬くして自分を閉ざすという行為は、閉ざすことで開こうとしている身体、閉ざすことで他者との絆をとりもどそうと必死にもごもごしている身体なのだと思います。こうした身体と響きあえる関係づくりが、おとなどうしの関係にも、子どもどうしの関係にも、いまもっとも求められているのではないでしょうか。

》第３話《

「黒い幸太くん」と「白い幸太くん」

――乖離《かいり》に苦しむ子どもたち

※悲しいトライアングル

いまの日本の子育てや教育では、子どもが弱い自分をだしたとたんに、しかられたり、皮肉られたり、無視されたりすることが少なくありません。ホンキでしかってもらったりするうちはまだいいのですが、子どもにとっていちばんつらいのは「無視」されることだと思います。

自分がまちがったり、つまずいたり、しょんぼりしたりしているときに、それが無視されるという経験というのは、子どもにとっては深くつらい世界だと思います。

首都圏のある早期教育塾で母親のための手引書（マニュアル）には、こんなことが書いてあるのだそうです。

教室には、先生がいて、子どもがその先生の真正面にすわらされます。手引書には、お母さんは必ず子どもの顔が見えるところにすわってください、と書いてあります。そこでお母さんは、指示どおりに子どもの顔が見える位置にすわります。こうして先生と子どもと母親との三角関係（トライアングルのような位置関係）がつくられます。やがて先生は、動物の絵の描いてあるフラッシュカードなどを見せたりして、子どもに「はい、では、この絵は英語でなんといったかな」などと問いかけます。犬の絵がでてきたら〝dog〟と答え、猫の絵がでてきたら〝cat〟と答えることが期待されます。手引書には、「このお勉強に、お母さんも参加してください」と書いてあるのだそうです。

※幼い子どもへの心理操作

母親がこの場面に参加するということは、やりかたによっては、子どもへの巧妙な心理操作（マインドコントロール）になる場合があります。たとえば、手引書には「正解したときには、お母さんもお子さんをおおいにほめてあげてください」（多少大げさでもかまいません）というようなことが書いてあるのだそうです。

お母さんのなかには「まーあ、花子ちゃん、すてきねー」とか「花子ちゃんはすごい！　花子ちゃんはえらい！」などといって、大騒ぎされるかたも多いと聞きます。

もちろん子どもをほめるときに、からだじゅうで響きあいながらほめてやることは大切なことだと思います。うれしいときにはうれしいと、満面の笑みを浮かべながら（親自身が自分の正直な気持ちで喜びながら）ほめることは、子どもにとっても、なににもかえがたい喜びになるはずです。

しかし、この「お受験塾」のお母さんがたは少し雰囲気が違うというのです。親自身がうれしいというよりも、親自身がうれしがらなければならないという感じの、どこか不自然な（とってつけたような）喜ばれ方なのだそうです。

※二重拘束《ダブルバインド》に追いこむトリック

正解のときには、多少不自然であっても、ほめられるのですからまだいいのかもしれません。ところが、正解でなかったとき、子どもがまちがった答えをいってしまったときに、どんなことがおこると思いますか。お母さんは「がんばれっ」と応援するのでしょうか、あるいは「おしいな、よく見てごらん」と助言するのでしょうか。そうではないのです。「無視」するのです。

お母さんの手引きには「まちがったときには無視してください」というようなことが書いてあるのだそうです。これは子どもにとってはとてもつらいことではないでしょうか。大好きなお母さん、もっとも愛してほしいお母さんから無視されるということは、子どもにとっては、このうえなくつらく恐いことなのだと思います。

フラッシュカードを見せられて、犬の絵を見せられて〝dog〟と言うべきところを〝cat〟といってしまったとき、あんなにはしゃいでいたお母さんに、突然、視線をそらされて無視されるのですから、小さな子どもの胸もズキンと痛むはずです。

子どもは、まちがったら大変だ、まちがったら愛してもらえない、まちがったら見捨てられる、そんな恐さに背中を押されるように「強迫的」にがんばるようにはなります。しかし、それは子どもにとってはとてもせつないがんばり方に思えてなりません。

このような心理操作を繰り返されると、できない自分は愛してもらえない、できなければ見捨てられるという根源的な不安が、小さな心の深いところに溜まりつづけてしまいます。お受験や、超早期教育では、目にみえる成果を急ぐあまり（即効性を期待するあまり）、こうした心の深い部分の変化を見逃してしまうことも多いのではないでしょうか。

※この草は何に使える？

ル＝グウィンの高名な伝説的ファンタジー『ゲド戦記』の第一巻『影との戦い』（清水真砂子訳、岩波書店）のなかに、次のような場面があります。

主人公のゲドは、オジオンという偉大な魔法使いの弟子になって旅をはじめます。彼は、すぐにも奥義を身につけさせてもらい、神秘の世界を学べるだろうと考えていました。しかし、旅立って数日すぎても、偉大な魔法使いオジオンは、ものの名も、神聖文字も、まじないも、ひとつも教えてくれませんでした。

ある日、ゲドは、オジオンに道ばたにある「エボシグサ」という草の名をはじめて教えられます。それきり口をつぐんでしまったオジオンに、ゲドはたまりかねて「この草は何に使える（なんの役に立つ）？」と尋ねます。オジオンはただ一言「さあ」

とつぶやきます。

ゲドはしばらくエボシグサのさやを手にして歩いていましたが、やがてポイと投げ捨てました。するとその時、オジオンがはじめて口を開き、ゲドにこう語りました。

「そなた、エボシグサの根や葉や花が四季の移り変わりにつれて、どう変わるか、知っておるかな？　それをちゃんと心得て、一目見ただけで、においをかいだだけで、種を見ただけで、すぐにそれがエボシグサかどうか、わかるようにならなくてはいかんぞ。そうなってはじめて、その真（まこと）の名を、そのまるごとの存在を知ることができるのだから。用途などより大事なのはそっちのほうよ。そなたのように考えれば、では、つまるところ、そなたは何の役に立つ？　このわしは？　はてさて、ゴント山は何かの役に立っておるかな？　海はどうだ？」

ゲドは、自分の愚かさを知らされるような気がして、黙ってしまいました。

「この草は何に使える（なんの役に立つ）」というゲドの問いは、現代の日本を生きるわたしたちの悲しい問いのように思えました。そして、わたしたちは、そのように問うことに慣れてしまい、「ものの真（まこと）の名」（そのまるごとの存在）を知ることを忘れているのではないかと思いました。

※「警戒警報」が鳴り響くとき

小学校二年生に、落ち着きがなくパニック症状を起こしやすい幸太くん（仮名）という男の子がいました。ある日、幸太くんが、友だちといっしょに学校の宿題をやっていると、突然、「うおー」と奇声をあげて暴れはじめました。タカコ先生が「どうしたの？」といいながらかけつけると、幸太くんは、「ボクには『くろい幸太くん』と『しろい幸太くん』がいるんだい！　いまのは『くろい幸太くん』がやったんだい！あれは、ボクじゃないんだい！」といいながら激しく泣いていたそうです。

もちろん、人間には、いろいろな「面」があります。いつも強がっているひとが、ときにホロリと涙を見せたり、いつも泣き虫のひとが、あるときとても我慢づよく、凛《りん》としていたり、そのような二面性（多面性）を持っていることは、人間の豊かさの一つではあっても、決して「病い」ではありません。

『太郎こおろぎ』（今西祐行）に登場する「いばりんぼうだが、やさしい」太郎や、『ニャンダー仮面』（やなせたかし）の主人公のように「いつもは弱虫でヘロヘロだけど、困った人がいたら黙っていられない」で変身してしまう主人公などは、多くの子どもたちから愛されてきました。ですから、人間の（とくに子どもの）見せる二面性や多面性は、けっして不健康で好ましくない状況ではないと思います。

けれども、この幸太くんの場合、感情の爆発的表出（パニック）のたびに「白い幸太くん」でなければならないと思い込み、「黒い幸太くん」を激しく拒絶する心の動きがあるときは、少し注意する必要があるのではないかと思うのです。

もちろん、洗いたての真っ白なシーツのような自分になりたいと、おずおずと願うことは悪いことではありません。しかし、そういう「真っ白」な自分でなければならない、そうでなければほんとうの自分ではないという自己感覚は、とてもしんどい心の世界をつくってしまうように思います。それは、いつも黒い（影のある）自分におびえつづける「警戒警報」のなりやまない心の世界だと思われるからです。

※心で感じた世界へしみじみと触れる

次の二つの作文は、小学校一年生の一〇月（ほぼ同じ時期に）アキコちゃんという女の子が書いたものです。（佐藤美知子「あるがままの感情と向きあう」『現代と教育』第四八号、桐書房、二〇〇〇年）。

《作文①》
うんていおもしろいな。うんていしてたらかわむけたり、まめできたりするの。ふしぎだな。それにいたくなるし。ほんとうにうんていってふしぎだな。

《作文②》
みんなは、べんきょうがんばってもまほうつかいになれないけど、アキは、べんきょうがんばったり、いうことききばなれるんだ。でもからだをちゃんとぜんぶあらわないとくびをそれにのこしてっちゃうんだよ。それだけじゃないよいろんなところだよ。

同じ時期に書かれたとは想像もできないような、このあまりに対照的なアキコちゃんの作文を私たちはどのように理解したらよいのでしょうか。
作文①のほうは、自分のからだで感じた世界、自分の心で感じた世界へしみじみと触れる（これを心理療法では〝フェルト・センス〟〈felt sense〉と呼んでいます）力の成長を感じさせるものだと思います。これは、佐藤美知子さんもいうように自分の「あるがままの感情と向きあう」という、人間としてもっとも大切なちからのひとつを獲得しはじめたことを意味しているといえるでしょう。たとえていうならば、心のなかの「白いアキコちゃん」とも「黒いアキコちゃん」とも、しみじみと向きあうちから（自分をまるごといとおしむちから）を獲得してきていることを感じさせる作文だということもできると思います。

ところが、作文②のほうは、とても難しい作文だと思います。この作文を書いたころ、アキコちゃんは、だいすきなお母さん――それがアキコちゃんにとっては「魔法使い」に見えたのかもしれません――が期待しているように勉強をがんばるとき（白いアキコちゃんのとき）にはしみじみと愛してもらえると感じていたのだと思います。しかし、そのお母さんの期待どおりにがんばれないとき（黒いアキコちゃんのとき）には、からだがバラバラになり、汚れた首だけそこに残してこなければならないような強い不安を感じていたのかもしれません。

※心のスイカが割れる――乖離《かいり》（解離）

人間には「多面性」があります。しかしそれが「多重性」に姿をかえると、これは複雑な問題をかかえる危険もあります。

幸太くんやアキコちゃんのように、まるで自分の心が、大きなスイカをすっぱりと割られたように、こっちの半分とあっちの半分に割られ、一方の（多くは「白い」ほうの）スイカの断片を必死に生きながら、もう一方の（たいてい「黒い」ほうの）スイカの断片を、ほんとうは自分の一部であるにもかかわらず、拒絶し切断したまま生きるという毎日がつづくと、健康な「多面性」は病的な「多重性」に変わってしまうことも少なくありません。

こうなると、人間の心のなかはとてもしんどくなります。なぜなら、「白いスイカの片割れ」を生きていても、いつ「黒いスイカの片割れ」が自分におそいかかってくるかわからないからです。そういう子どもたちが今、自分自身のあるがままの感情と向かいあえないことから、人格の深いところで「多重性」を抱え、心のなかをとってもしんどくさせているのではないかなと思うのです。

たとえば、次のような子どもたちの場合、心の乖離《かいり》・解離（splitting/dissociation）にとまどっていないかどうかを、じっくりと観察してみる必要があるように思います。

◆その子がいつも表に出している面で向かいあっていると、突然、まったく正反対の面をみせられ、とまどうことの多い子。
◆いつもは穏やかで他人にもやさしい「よい子」だが、少しの悪さや失敗に直面したとたん、激しく感情爆発する子。
◆激しい興奮と攻撃性で、いまにも暴力事件になるかと思ったつぎの瞬間に、こんどはベタベタに甘えあっている子。

このような子どもたちの姿は、人間の「多面性」なのか「多重性」なのか、ほかの事実とも重ね合わせてていねいに理解することが必要だと思います。多面性は、統一のとれた多面体（磨かれた宝石）が見せてくれる特性ですが、多重性は、バラバラにされ統一を失いつつある合体物（崩される寸前のブロック）のような特性です。前者は、たたいても簡単にくずれませんが、後者は、たたくと割れたり壊れたりしてしまいそうで、どう触れていいのか、とても不安になってしまいます。

※「真《まこと》の名」で呼んでほしい

いまの日本は、冒頭の『ゲド戦記』の、「この草は何に使える（なんの役に立つ）？」というゲドの問い、つまり、おまえは「人材」としてなんぼのものかという問いの強い社会になってしまっているように思います。こういう社会では、人間は、使いものになる（値段の高い）自分を売り込むために、値札についている名（この子は○○が得意な子です、など）にばかり目がいき、その子を真（まこと）の名で呼ぶことを忘れてしまいがちです。

「人間」として真（まこと）の名で呼ばれずに、「人材」として値札の名で呼ばれつづけた子どもたちが、いま、乖離・解離への不安におびえて生きているのではないかと思います。たとえばさきほどの幸太くんにとって、「人材」として高く評価されるスイカの片割れが「白い幸太くん」であり、「人材」として低く評価されるもう一方の片割れが「黒い幸太くん」だったのではないでしょうか。

現代の解離現象の背景には、人材優先の業績主義競争がますます過酷になる社会（新自由主義の風潮が強い社会）という日本の悲しい現実があるのだと思います。

私たちが呼びたい子どもの名は、「人材」としての値札の名ではなく、「人間」としての真（まこと）の名であるはずです。

いま大切なことは、幸太くんやアキコちゃんが、自分がバラバラになりそうな不安（解離不安）を抱えざるをえない社会状況を冷静に見つめながら、彼・彼女が求めている発達のニーズや小さな希望を深く理解していくことだと思います。

自分の心のなかで動いている感情（emotion）をあるがままに感受し、だれかと響きあわせることができたとき（まるごと〈真の名〉で呼ばれたとき）、人格は乖離・解離から復帰するといわれます。幸太くんやアキコちゃんのような子どもが、いまおずおずと求めているのは、なによりも自分を真（まこと）の名で呼んでくれる他者（魔法使い？）なのではないでしょうか。

》第４話《

しみじみ感じる心をはぐくむ

――あかるさ強迫（躁的防衛）に苦しむ子ども

※あかるいお返事ハイ？

ある小学校二年生の教室での出来事です。

その学校では、毎日、朝の会で「健康観察」をしていました。出席を確認しながら、先生が「タロウくん元気ですか?」と問いかけると、「元気です!」とはりのいい声が返ってきました。「ハナコさん元気ですか?」とたずねると、「元気です!」とまたまたビーンとはりのいい声が返ってきました。「ヨシオくん元気ですか?」と問うと、「元気です!」とさらにぐっとはりのある声が返りました。

先生は、思わず「今日は、元気な人が多いわね。先生、うれしくなってきたわ」と上気した顔でいいました。すると次に「元気ですか?」とたずねられたヨシコさんが、やや青ざめた顔であたりをうかがいながら、ぐっとテンションをあげて「元気です!」と応えていました。

この「元気ですか?」「元気です!」という健康観察のやりとりは、この後もえんえんと続きました。子どもの返事は、ドレミファソラ……としだいに音階があがり、音量もだんだんあがっていきました。ついにこの日は、この教室の三五人の子どもたち全員が、「元気です!」と応えました。このやりとりで、ご自分のテンションもあがってしまったのでしょうか、この教師は、「まあ、今日は『全員』あかるく元気で、先生、すごくうれしいな!」と大声で語りながら、額の汗をぬぐっていました。

この日の健康観察で、ヨシコさんのように気分がすぐれない感じの子は、男子も含めてまだ数人いたように思いました。こういう子どもたちは、渾身のちからを込めて「元気です!」といったあと、崩れるように自分の席でぐったりとしていました。この子たちにとって朝の「健康観察」とは、一体なんだったのだろうと考えさせられる一幕でした。

その日の放課後、この教師とこのことを語り合うと、

「そういえば一昔前の子どもたちは、違ったわ……」

といわれました。


この先生の話によると、以前は「元気ですか？」という問いに、「まあまあです」とか「少し眠いです」とか「ちょっと頭がいたいです」とか、いろいろな応答があったような気がするというのです。人間ですから、元気なときもあれば、さえないときもある。でも、気がつくと、子どもはあかるく元気があたりまえ（あかるく元気なら心配ない）という雰囲気に、みずから飲み込まれていたのかもしれない……とおっしゃっていました。

※元気はつらつの授業の悲しみ

国語で「一つの花」（今西祐之作）という作品の授業を観させていただいたときのことです。その学校は、私立中学への受験熱が高い地域でした。先生が入ってこられて、「よおっ、みんな元気か？」というと「元気！」という声がいっせいに返ります。「今日も国語をがんばるぞ！」と先生が叫ぶと、子どもたちも「エイ、エイ、オー！」と

返します。こういう雰囲気で国語の授業がはじまりました。

「一つの花」という作品は、美しくもせつない戦争文学です。しかも、これから読みあうのは、お父さんがいよいよ出征する場面でした。ところが、授業はずっと元気はつらつと進みました。一人ひとりの発表も、とても「あかるく元気」に進みました。この授業のヤマ場で、教師は次のように問いました。

「いよいよこのお父さんは戦争に行く場面だね。お父さんは何も言わずにユミ子が持っている『一つの花』だけをじっと見つめて立ち去っていく。さあ、そのとき、ユミ子のお父さんは、心のなかでどんなことを考えていたんだろうか?」

その後、お父さんの思いを語るハイテンションの発表がつづきました。

やがて、クラスでいちばん発言力のありそうな男子がすっくと立って、みんなの方を見渡してこういいました。

「ユミ子、おれはこれから戦争に行く。生きるか死ぬか二つに一つ。人生をかけた戦いに行く。この戦争はいつ終わるかわからない。でも、父さんは負けない。おれは敵と戦う、敵をとことんやっつける。ユミ子、人生は戦いだ、ユミ子、負けるな、人生、負けたらおしまいだ!」

この発言は、とてもテンションが高く、流暢な演説でした。まわりの子どもたちからは、「おお……」とため息まじりの歓声があがりました。クラスは拍手の渦にのみこまれ、その男の子は、「ありがとう！」と手を振りながらそれに応えていました。

次に、ある女の子が指名されました。少しうつむきがちにとまどいながら、この女の子は「ユミ子……父さんは……いやだ。父さんは……行きたくない」と、発言しました。すると、それまでのあかるくてノリのいい教室の雰囲気が、少し変わりました。

この様子を見ていて、私は、この女の子のおずおずとした発言が、とても味わい深いもののように感じていました。そして、この女の子の発表のなかみを、先ほどのテンションの高い男の子の発表のなかみと響き合わせることができれば、いま出征しなければならないこのお父さんの複雑な気持ちを、読み深められるいい場面になると思いながら、じっと息をのんで観ていました。

ところがその後、この先生はこの女の子のしみじみとした発言に立ちどまることなく、この雰囲気を何とかしたいとばかりに「お？　おお……はい、他に？」と軽く受け流していました。それを微妙に感じたのか、クラスの子どもたちも、まるで「今の（しみじみと語った女の子の）発言はなかったことにして」といわんばかりの空気が流れました。

※ハイテンションで躁《そう》状態の休み時間

中学校にも同じような風景がありました。教室の後ろで観ているると、子どもたちのからだいっぱいに緊張がはしっている。その子どもたちが、休み時間になったとたんに、ある種の「躁」状態になっていました。

ある男の子がすぐ近く（目の前）にいる友人に向かって、はりはりの大声で「おーい、おまえさあ、おれの友だちだよな！」と叫ぶと、呼びかけられた男の子も「おお、友だち！　友だち！」と語尾を上げながら叫びかえしていました。彼らだけでなく、クラス全体が、超ハイテンションでしたから、その中に身をおいているだけで、私自身の心とからだが張りつめてくるように感じました。

私は、自分の中学生の頃を思い出してみました。教室には、もちろんテンションの高い子もいました。たしかに教室の机の上を飛び回っている子もいました。しかし同時に、静かに本を読んでいる子もいましたし、窓辺でつるんでよもやま話をしている子もいました。

教室の片隅では、しくしく泣いている友だちの肩を抱きながら「彼はそんなつもりで言ったんじゃないと思うよ」と慰めている女子たちもいました。教室のなかには、晴れもあれば、曇りもあれば、雨もあったように思います。

一昔前の中学校の教室にはそういう感情の彩《いろどり》のある生活風景が自然にあった。ところが近年、その風景がいつもあかるく晴れわたっていなければならないと感じる中学生たちが増えているのです。

※がんばって「普通」する中学生

数年前、私がある中学生の男の子とお茶を飲みながら話していたときのことです。

「ぼくたちが学校にいるときの姿、お父さんもお母さんも知らないだろうな、きっと先生も知らないと思うよ」

「う〜ん」

「おれたちがさ、がんばって、がんばって、『普通』していること……これって知らないだろうな」

「ああ、そうか……いま中学校では、みんなはそんなにがんばって『普通』しなくちゃいけないんだ」

「そうだよ、そうしないと、おれたち、友だちできなくなるし、それにさ、いつなかまはずれにされるかわからないもん。先生からいつ嫌われるかわかんないもん」

「なるほどね、でもさ『がんばって、がんばって〈普通〉する』ってどういうこと?」

「それは決まっているよ、あかるくてさ、元気でさ、いつも『ポジティブ』って感じで前向きだったらいいんだよ。それからさ、軽いジョークなんかを上手に飛ばせて、ノリがいいとなおさらいいんだ」

「ああ、いま中学生は、あかるくて、元気で、前向きで、ノリがいいことが『普通』するってことなんだ……」

「そうだよ、きっと父さんも母さんも知らないと思うよ。だってさ、おれたちいま家でもがんばって『普通』していることが多いもん……」

※なおさらにぎやかな愚かさ

私は、この中学生の話を聞いて、谷川俊太郎さんの「空に小鳥がいなくなった日」という有名な詩の一節を思い出しました。

街に子どもがいなくなった日
街はなおさらにぎやかだった
街に子どもがいなくなった日
ヒトは公園をつくりつづけた

ヒトに自分がいなくなった日
ヒトはたがいにとても似ていた
ヒトに自分がいなくなった日
ヒトは未来を信じつづけた

空に小鳥がいなくなった日
空は静かに涙ながした
空に小鳥がいなくなった日
ヒトは知らずに歌いつづけた

（『谷川俊太郎詩集・続』思潮社）

いまの世の中で「なおさらにぎやかになる」ということは、子どもがいなくなる（ある意味では子どもらしさがなくなる）ということなのではないのか。真（まこと）の名で呼んでもらえる（まるごと愛してもらえる）子どもがいなくなりつつあるのに、子どものために、子どものためにと、子どもが喜ぶはずの「公園」をつくりつづける大人たちの愚かさ。

なおさらにぎやかな社会をつくりつづけるということは、「ヒトに自分がいなくなる」ことではないのか、「たがいにとても似て」くることではないか。そして、自分がますます見えなくなりながら、「未来を信じつづける」大人たちの愚かさ。それに気づかないまま、なおさらにぎやかに歌いつづける人間たちの愚かさ。これらがとても悲しく感じられます。

あかるいこと、元気なことが悪いのではありません。根っからあかるく元気な性格傾向の方もいらっしゃいますし、私は、そういう人たちも大好きです。しかし、あかるく元気でありたいと願うこと（なかなかそうなれない自分もいとおしみながら願うこと）

と、あかるく元気でなければならないと自分で自分を強迫することとは違うのだと思います。

前者は、くらさを受容できる健康なあかるさなのですが、後者は、あかるくしなければ、自分の大切な人びとから見捨てられるのではないかと感じながら、「なおさらにぎやか」にハイテンションではしゃぎ続け、過剰にあかるさ演技をし続けなければならない悲しいあかるさです。

現代日本のように市場競争の激しい苛烈《かれつ》な競争社会では、あかるく元気でハイテンションの「人材」の商品価値が高いと値踏みする風潮が強くなりつつあります。それが子どもたちのあかるさ強迫（躁《そう》的防衛）を後押ししているように思われます。

そうした社会のなかで蔓延するうわついた流暢で多弁な言葉「あかるい言葉」よりも、自分の心とからだとしみじみと向き合い、つむぎだされたホンモノの言葉で語り合う子育てがしたい、そう願ってやみません。

》第５話《

あなたのとなりに「トトロ」はいますか？

――響きあいつつ聴きとる身体へ

いたいのいたいの、とんでいけえ……

松谷みよ子さんの赤ちゃんのわらべうたシリーズの一冊に『いたいいたいはとんでいけ』（偕成社）という絵本があります。

むっちゃん　むがつく　むうざえもん
ころんで　おひざを　すりむいた
あん　あん　あん
あん　あん　あん

いたい　いたいはとんでいけ
ちちんぷいぷい　とんでいけ
むこうの　おやまへ　とんでいけ
（以下略）

おやまにとんでいった「いたいいたい」は、おやまで寝ていた一匹のうさぎに、まるめてなげて、ぼうでたたいて、ふわふわのばされて、このうさぎの枕とクッションにされてしまいます。

いたいのいたいの、とんでいけ……。けがをして泣きべそをかいている子どもが、そういってなぐさめてもらっている情景を、よく見たように思います。ときには「そんなのは傷のうちに入らない」といって叱咤《しった》されることもあったかもしれませんが、そのときでも「大丈夫だから安心しろ」といわれているのがわかるような気がしました。いずれにしても、この「いたいのいたいの、とんでいけ」という呪文は、子どもにとっては、なんともいえないおまじないだったように思います。

最近、二〇歳の青年たちに、自分が子どものとき、親やおとなから「いたいのいたいの、とんでいけ」といわれた経験があるかどうか尋ねてみたところ、「ある」と答えた青年はほぼ半数でした。幼い頃の記憶なのでよく覚えていなかったのかもしれませんが、意外に少ないことに驚きました。いまの青年たちにとって「いたいのいたいの、とんでいけ」といううくすぐったい呪文は、しだいに過去のものになってきているのでしょうか。

ある保育園の先生が、０歳児に嬉しそうに「いないいないばあ」をしていると、それを見ていた若いお母さんから、「あの……そんなことして、おとななのに恥ずかしくないのですか?」と、顔を赤らめてたずねられたそうです。

「いないいない……」と視界からいったん消えた大好きな人への不安を抱きながら、「くるぞくるぞ……」と緊張しながら待ち、それが「ばあ!」と現れると「やっぱりきた!」と緊張がほぐれて笑顔で安心する。この伝統的なやりとりも、民衆の子育て文化から消えゆく運命にあるのでしょうか。

※抱っこしてもしっくりこない

数年前、東京大学の汐見稔幸さんが、ある保育研究調査で「抱っこを嫌がる子どもたちが増えている」という事例を報告していました。多くの保育士たちの実感では、いまの０歳児の四人に一人くらいが、抱っこされるのを嫌がっているようだというのです。

ふつう０歳の赤ちゃんは、身体の筋肉をせいいっぱい緊張させて泣きます。そうして思いっきり泣いている赤ちゃんのところへおとな（親や保育士）がかけつけ、そっと抱き上げ、身体と身体を響きあわせ「どうしたのかな？　お腹がすいたのかな、おしめが濡れたのかな？」と、聴きとりながらあやしていると、たいていの赤ちゃんは、筋緊張がゆるんで（すっと力が抜けて）おとなの身体にぴたっとくるように感じます。そして「ああ、しっくりきたな」という瞬間が訪れます。それは親や保育士にとっても本能的に嬉しい瞬間です。

ところが、赤ちゃんを抱っこしてトントンしても、なかなかしっくりこない、つまり、いつまでたっても筋緊張がほどけない子どもが少なくない。俗説では、おむつやおんぶひもの形状や位置の変化に関係があるのではないかという話もありました。しかし、そうなのでしょうか。

私は、抱っこを嫌がる子どもたちが増えている背景の一つに、子どものメッセージへの呼応の行き違い（maltreatment）や、響きあいつつ聴きとる身体文化の衰退があるように思います。

民衆の子育て文化のなかには、身体を響きあわせながら聴きとるという呼応活動があったように思います。小さな子どもが泣いたら、だれかが駆けつけ「どうしたの」と聴きとりながら、抱っこして揺さぶってくれました。響きあいながら聴きとってくれました。そういう呼応活動をくりかえし体験することで、子どもは、自分にとって心から信頼できる他者イメージ（共存的他者像）を、自分の心のなかに形づくっていったのだと思います。ところが、さまざまな理由（その多くは社会的要因）から、いま、このように響きあいつつ聴きとる子育てができにくくなっているように思います。

※泣いてもだれも来てくれない

響きあいつつ聴きとる身体の衰退は、子どもどうしの関係のなかにも見られます。ある私立幼稚園の実践を見せていただいていたときのことです。この園の教育方針は「ひとりでがんばる子」でした。遊びの場面でも、子どもたちはひとりで遊んでいて、多くの子どもたちが点在していました。二人、三人と集まって遊んでいる子どももいるにはいるのですが、ほとんどの子どもたちは、バラバラと散在したまま、それぞれが、それぞれに「個性的」（？）に遊んでいました。

あるとき五歳ぐらいの子どもが泣きだしました。何がおこるかなと思って見ていましたら、その子が一生懸命に泣いているのに、まわりの子どもたちはなかなか集まってきませんでした。何人かがふらりふらりと近寄ってきましたが、不思議なことに、泣いている子どもの半径約一・五メートルより近くには立ち入りませんでした。

泣いている子に「どうした？……どうしたの？」と、おどおどと声をかけるのですが、よくみると泣いている子に対しては斜め四五度に構えて「ボクはいつでも逃げられるぞ」という身体のメッセージをだしながら声をかけているのでした。肩を抱いたり、背中をさすったり、顔をのぞき込んだりしながら（身体と身体で響きあいながら）聴きとるお友だちはひとりもいませんでした。

小学校二年生の教室でも同じような情景に出会いました。ある女の子が泣いたとき、学級の子どもたちは、一見するとまったく無関心を装うかのように見えました。お友だちが泣いてもだれも関わろうとしない子どもたちの姿を見た担任の先生は、学級会で「救急車係」をつくることを提案しました。その提案はすんなりと承認されました。

男女四人の「救急車係」の子どもたちは、教室で泣いている子どもを見つけると、授業中でも休み時間でも「ウーウー、カンカン」といいながら、泣いている子のところへかけつけて「どうしたの?」と聴いていました。これはこれでユニークな実践だと思いました。しかし、泣いている友だちのところへかけつけることを「係活動」(ある種の仕事)として組織しなければならないほど、いまの子どもたちの響きあいつつ聴きとる身体の体力が弱ってきているのかと思うと、しずかなため息がでました。

※共存的他者はトトロとドラえもん

泣いたらだれかがとなりに来てくれる、泣いたらだれかがとなりに居てくれる。このことをしみじみと信頼できたとき、人間は安心して泣くことができるようになるのだと思います。泣かなくなること、泣けなくなることが「おとなになること」ではない。むしろ困っているときに上手に泣けるようになることが、他者との深い絆《きずな》のなかで人間が人間らしく成長することなのだと思うのです。

宮崎駿監督の映画「となりのトトロ」に登場するトトロは、メイちゃんやサツキちゃんが困って、不安で、泣きたくなるようなときに、そっととなりに来て、そこにそっと居てくれる存在として描かれています。監督の宮崎さんがある雑誌で語られていたように、この作品で、トトロがメイちゃんやサツキちゃんとちゃぶ台でいっしょにご飯を食べていてはいけない。そんな存在では、子どもたちにとってはとなりのトトロではなく、うるさいトトロになってしまうというのです。

お母さんは入院して病状はわからない。仕事を抱えたお父さんとの田舎での生活がはじまる。お母さんの病気がよくなってくれたらな、こんなときにお母さんやお父さんがいてくれたらな、という不安が高ぶっていいよというときに、はじめて会えるのがトトロです。

雨降るバス停。あたりは真っ暗。お父さんが乗ってくるはずのバスにお父さんが乗っていない。裏山のお稲荷さんはこわい。妹のメイちゃんは居眠りをはじめる。ああ、どうしよう、そう思ったときに、なぜだか不思議ないきもの（トトロ）が、となりに来てくれた、となりに居てくれた。だから、となりのトトロなのだそうです。

藤子・F・不二夫さんのアニメ「ドラえもん」もそうです。原作ではのび太くんとドラえもんはほとんどいっしょには寝ることはない。ドラえもんは押入れで寝るのですから。そこには藤子さんが描く絶妙な距離感覚があるように思います。

のび太くんは学校に行き、ジャイアンやスネ夫たちにもまれ、涙をふりとばしながら（泣きながら）家に帰ってくる。「ドラえもーん！」と階段をかけ上がり自分の部屋のふすまを開けると、「どうしたの？」と、どら焼きを食べながらおとぼけ顔のドラえもんがそこに居る。子どもたちは、その情景にほっとする。子どもも、ドラえもんを信じて上手に泣きたいのではないでしょうか。

※呼応の行き違いと支配的他者

ここで紹介したような意味でのトトロやドラえもんのような人物形象は、子どもがその成長過程で心のなかに内面化する「共存的他者」イメージと重なります。

心のなかにトトロがいる人（共存的他者イメージを内面化している人）は幸せです。トトロを内面にしっかりと取り込んでいる子どもたちは、他者と響きあいながら、素直な自分の思いを安心して表現できるようになるからです。

泣きたくなるような自分と響きあってくれる他者への信頼感があるからこそ、子どもは心の深いところで鼓動しているすなおな感情の動きを、おずおずとした言葉で表現しはじめることができるのではないでしょうか。

共存的他者イメージを心のなかにとりこむために、身体の響きあいは大切ですが、ただ子どもを抱きしめたり、子どもにべたべたと身体接触したりすればよいというのではありません。

子どもが求めてもいないときに気分しだいで響きあいを一方的に強要したり、子どもがおずおずと（ときにおおらかに）求めているときに一向に響きあってくれなかったり、こうした呼応の行き違いが積み重なると、内面にとりこまれる他者イメージは、恐れと不安をよびおこす支配的他者像になってしまうことがよくあります。

とくに被虐待経験のある子どもとの身体接触（響きあい）は、このような呼応の行き違いから支配的他者像をとりこんでいる場合が多いため、細心の注意が必要だと思われます。

一生懸命に生きている子どもが、泣きたくなるとき、「いたいのいたいの、とんでいけ」という心持ちで、困ったときはいつもあなたのとなりに居るよ、つらいときにはいつでもあなたの声を聴くよ、というトトロのような存在でありたいと思います。子どもの心の深い理解は、このとなりのトトロの構えからはじまるのだと思います。

》第6話《

子どもの「たからもの」が見えるとき

——落ち着きのないあの子は〝ADHD〟?

※ヤンチャクチャ坊主でも大好きだよ

せつない気持ちになって大声で泣いたり、くやしさにつき動かされて激しく怒ったり、うれしくて舞い上がったり、おかしくて笑い転げたり、いとしくて胸がキュンと熱くなったり……。子どもの「心」が成長するためには、こうした情動を、深くしみじみと体験し、あるがままに表出し、それをだれかに受けとめてもらう経験がとても大切です。

ある大衆食堂で、二歳くらいの男の子が、とつぜん激しく泣き出しました。ふと見てみると、その子のお母さんが、あたりを気づかいながら「どうしたの?」と問いかけながら必死になだめていました。すると年配の食堂のおばちゃんが、「おお、おお、もっと泣きな、もっと怒りな……いい子だなあ」と、さりげなくにっこり微笑みながら声をかけていました。

その風景を見ていて、私はほっと安心しながら、なぜかとてもなつかしい情景を見ているような気がしました。

そういえば、夏目漱石の『坊ちゃん』に登場する主人公（坊ちゃん）も、おとなの手に余るほど激しい情動を生き「無鉄砲で損ばかりしている」ヤンチャな子どもでした。

「坊ちゃん」は、小学生のとき同級生にはやしたてられ、学校の二階から飛び降りて腰を抜かしてしまいます。父親からしかられると、「この次は抜かさずに飛んでみせます」と言い放ちます。家の裏庭の栗を盗みに来た年上の勘太郎とはとっくみあいをし、芽がでたばかりのニンジン畑で、半日相撲をとり、ニンジンをみんな踏みつぶしてしまいます。

この無頼な「坊ちゃん」を、お婆さんの「清《きよ》」だけは、まるごと愛してくれました。

気性の激しい「坊ちゃん」を、「清」はいつも「あなたは真っ直ぐでよい御気性だ」と言ってほめてくれました。

子どもの情動の激しい表出を、食堂のおばちゃんや、「清」のようにおおらかにいとおしい気持ちで受けとめてくれるような（親以外の）おとなたちが、ひと昔まえには、たくさんいてくれたように思います。そんなおおらかな人びとが、私には妙になつかしく感じられたのかもしれません。

※ＡＤＨＤへの無理解は「悪循環」に

最近、落ち着きがなく、衝動的にアレる、キレる子どもたちが増えているといわれています。そのような状況を背景に、ＡＤＨＤ（注意欠陥多動性障害）と呼ばれる軽度発達障害への関心が広がってきています。これは一般に、次のように定義されています。

ＡＤＨＤ（Attention deficit hyperactivity disorder）とは「年齢あるいは発達に不釣合いな注意力、及び、又は衝動性、多動性を特徴とする行動の障害で、社会的な活動や学業の機能に支障をきたすもの」であり、「七歳以前に現れ、その状態が継続し、中枢神経系に何らかの要因による機能不全があると推定される」もの（「二〇〇二年度・特別支援教育に関する調査研究協力者会議報告」参照）。

たしかに、ふとしたきっかけでキレやすい子どもたちのなかには、ＡＤＨＤと診断され、医療的なケアを必要としている子どもたちがいます。その場合は、本人の生活態度を責めたり、親の育児態度や教師の指導のいたらなさを責めたりすることは筋違いです。なぜなら、このＡＤＨＤという診断が妥当な子どもの場合、おとなや周りの子どもたちを困惑させる行動特徴（落ち着きのなさや衝動性の強さなど）は、なによりも中枢神経系の機能不全から生まれてくるものだと考えられているからです。

こうした基本的な理解をしてもらえずに、「落ち着きがない子だ」「集中力がない子だ」「すぐにキレるわがままな子だ」などと、おとなたちから責められつづけていると、どんな子どもでも自尊感情が深く傷ついてしまいます。「自分はダメな子だ」と思い込み、自己否定感がどんどんふくらんでしまいます。

フロム（Erich Fromm）という心理学者も言うように、自分を責めるちからは、それが強まりつづけると、やがて他人を責めるちからに転化します。その結果、その子はますます他人に対して攻撃的で落ち着きのない子になってしまいます。

この「悪循環」をたちきるためには、なによりも正確な診断を援助してくれる医療機関や、特別なニーズに応じる教育相談機関と手をつなぐことです。その上で、親や指導員としては、その子の自尊感情をはぐくむことのできる生活体験を同僚とともにつくりながら、その子が総合的なケアを受けつつ発達する権利を保障していくことです。

※衝動的で騒がしければＡＤＨＤ？

一方、都留文化大学の田中孝彦さんは、ＡＤＨＤ研究が持つ意味の大きさを認めながらも、次のように重要な指摘をしています。

「キレやすい子どものすべてを、このＡＤＨＤで説明することが出来ないことも確かである。これほど急激に、脳の神経生理学的な機能不全をもつ子どもが増えるなどということは、科学的には説明できないからである。それは、子どもたちが、現代の日本の社会に生れ落ちて、一定の傾向の人間関係とコミュニケーションのなかで育つ過程で作り上げられた性格傾向の問題、社会的につくられた一時的な性格傾向の問題としてしか説明の仕様がないであろう。私は、『キレる』子どもたちの問題のほとんどは、そうした社会的性質を帯びた問題として理解する以外にないと判断している」(『生き方を問う子どもたち――教育改革の原点へ』岩波書店)

注意散漫で、キレやすい子どもと出会ったときに、医療的なケアを必要とするADHDの子どももたしかにいます。しかし、そのような行動特性を持つ子どもが、すべて医療的なケアを必要とするADHDかというと、かならずしもそうではないのだと思います。

田中孝彦さんも指摘されているように、注意が持続できにくい、キレやすく衝動的になりやすいという行動特性は、その多くが、子どもが育つ過程における社会的・文化的環境(外的環境)の困難や、子どもが自分の精神世界ではぐくんできた自尊感情(内的環境)の未発達と無関係ではないと思うからです。

また、このように落ち着きがなく衝動性の強い(ある意味でパワフルな)行動特性の著しい子どもたちを、親や指導員が、安易にADHDではないかと擬似診断し、その子のことがわかったつもりになることも警戒しなければならないことだと思います。

医学や発達障害などの専門的知見を生かして子ども理解の手がかりにしていくことは、ある意味では大切なことだと思います。しかし、それはあくまでも子どもを理解する一つの手がかりとして重要なのだと思うのです。

もしＡＤＨＤだという診断が妥当なジロウくんがいたとしても、わたしたちが理解すべきなのは、あくまでＡＤＨＤという一つの特徴を持つ、かけがえのないジロウくんであって、ＡＤＨＤというラベルを貼られたジロウくんではないのだと思うのです。

※自尊感情をはぐくむ生活体験（学びあい）

小学校四年生にアキオくん（仮名）という子がいました。彼は、注意が散逸《さんいつ》しやすく、教室でも五分と席につけなく、衝動的な行動が目立つ子でした。当時、彼は、医師のもとでＡＤＨＤではないかと診断されていました。

五〇歳代のベテランの担任教師は、このとき、このアキオくんをどう理解し、彼とどう向き合えばよいのか、とても深く悩んでいました。そこで、私は、この先生と相談しながら、三つの援助方針を構想しあいました。

方針①　絶対にひとりで抱え込まずに、同僚と相談しながら彼と向き合うこと。必要なときは医療機関といつでも相談できる体制を整えておくこと。
方針②　何よりもまずアキオくんの「声」をしみじみと聴きとること。
方針③　学級では、彼の自尊感情をはぐくみながら他者との絆のなかで生きた／生かされたという実感を持てる生活体験を保障すること。

アキオくんは、その落ち着きのなさと衝動性の高さから、授業では、学びあいの輪のなかから外れてしまうことが少なくありませんでした。「みんなは、いいなあ……。オレはじゃまものかあ……」と感じていたのか、アキオくんの自尊感情は低下し、多動で衝動的な行動がさらに目立ち始めていました。

この担任の教師と私は、アキオくんが、なかまとの学びあいのなかで、生き・生かされる体験ができるような授業をつくることをめざすことにしました。

そしてもう一つ、彼のいらいらとした衝動性を制御できるようにするためにも、アキオくんが自分のあるがままの感情に向き合いながら、ふつふつとわきあがってくるすなおな発想を、クラスのみんなでしみじみと聴きあえるような授業を考えあいました。

※アキオくんの「たからもの」が見えた！

算数の時間。平行四辺形の面積の求め方を、公式にとらわれずに、いろいろなアイデアを出し合いながら考えていく授業のときのことでした。

アキオくんは「あっ、そうだ、わかった」といって自分の席を立って教卓のところへ出て、先生の大きなものさしを取って、板書されていた平行四辺形の下底（下の線）のところにバンとあて、「ここと！」といってニヤリとしました、次に、同じものさしを上底（上の線）のところにあて、「ここと！」といって得意そうな顔をしました。先生の大きなものさしを揺らしながら、平行四辺形の上底と下底をなんどもパチンパチンとあてがい、最後に「これで（平行四辺形の面積は）わかると思います」と言いました。クラスの子どもたちはしばらくシーンとしていました。そのとき大ベテランの先生は、その場でアキオくんの考えをしみじみと聴きとりながら、考え込み、これは面白い考えかもしれないという表情をしながら「みんなは、どう思う？」と問い返されたのです。

五分くらい話し合いましたら、ヤンチャな風貌のタロウくんが「アキオ、わかったぞ」と言いました。タロウくんは、アキオくんと同じように、先生の大きなものさしで、上底と下底とそのあいだをなんどもパチンパチンとたたきながら、「これ（少し幅のある定規）をこうやって階段のように重ねていったら、この（平行四辺形の）面積がだせるんだよね、アキオ……」といいました。先生も驚きました。教室のみんなも「大発見！」と大喜びでした。アキオくんは、ぴょこぴょこと身体を揺らしながら小さな腕を振り上げ、嬉しそうにうなずいていました。

今まで五分と席に座っていられずに教室をはいかいしたり、衝動的に奇声をあげたりしていたアキオくんは、この時間いっさい席を離れることもなく、ずっと学びあいの輪のなかに参加しつづけました。

この授業のあと、この先生は、次のように語られました。

「私は、今まで授業のなかで、アキオくんが飽きないようにとか、立ち歩かないようにとか、そういうことばかりに気を奪われていました。けれども、授業のなかみにかかわって深め合うという、そういう学び合いやかかわり合いのなかで、今日はアキオくんが生かされた、アキオくんが生きた、そういう授業をつくるという考え方が、今まであまりなかったと思います。けれども、今日はそういう授業をめざしていく小さな努力のなかで、アキオくんが四五分間、しかも彼がいちばん苦手な算数の時間に座っていました。この事実のなかに、何かとても大事なことがあるように思えてなりません」

このベテランの先生の言葉に、私は、ほんとうに胸を打たれ、深く考えさせられたのです。

》第７話《

親（おとな）もつらい激しい競争社会

――傷ついた人びとの絆が未来をひらく

※かさこじぞうの世界から

もう一〇年ほど前になりますが、子どもたちが大好きな国語の教材の一つに、日本の民話の『かさごじぞう』（岩崎京子・再話）という作品がありました。

なんともかとも貧しくて、あすはお正月だというのになにもない。じいさまとばあさまは二人で「かさこ」をこしらえ、じいさまが一人で街に売りに行くのですが、一つも売れない。もう日も暮れかけたころ、とんぼりと帰ってきたじいさまは、ふきっさらしの野原で寒そうに立っている地蔵さまに、売り物の「かさこ」を全部かぶせて帰ります。

ばあさまは、雪だらけになって帰ってきたじいさまを見て「さぞつめたかったろう、さあなかにはいっていろりにあたれ」と迎えます。じいさまが事情を話すと、ばあさまは「ああ、それはいいことをしなすった」と笑顔で応えます。じいさまとばあさまは、いろりばたで、ほほと笑いあいながら「あわのもちこ　ひとうす　ばったら」、「ひえのもちこ　ひとうす　ばったら」、とお正月のもちこをつくまねっこをして、漬け菜をかみかみお湯をのんで休みます。

一〇年前の子どもたちはこの場面が大好きでした。じいさまとばあさまの掛け値なしのやさしさにしみじみとあこがれ、こんないいおじいさんとおばあさんにはきっといいことがある、いや、なければならないと感じていると、「じょいやさ、じょいやさ」と地蔵さまの声がしてくるのです。

この作品を教材解釈していた文芸学者の西郷竹彦さんも触れていましたが、ばあさまがじいさまを迎え入れるときのやさしいしぐさとことばがとても印象的です。もしこれが、じいさまをみるなり「どうだい、かさこは売れたかね?」とたずね、「なあんだ」とがっかりしてしまうようだったら、この物語の世界は、だいなしになってしまいます（最近の日本社会はこの風潮のほうが強いかもしれませんね）。

この作品では、どんなに貧しくとも、じいさまも、ばあさまも、「人材」としてではなく「人間」として愛しあっています。当時の小学校二年生の子どもたちは、こんな切なくも温かい場面を「いいなあ……こんな世界があったらなあ……」と、あじわい深くイメージ体験していたことを思い出します。

※北海道のシチューのように

三歳の子どもを持つあるお母さんとお話していたときのことです。お茶を入れてさしあげながら、話をお聴きしていると、はじめそのお母さんは「私は自分の子どもも愛せないダメな親だ」「親になる資格もないひどい親だ」「ときにはわが子に手をあげてしまうこともある」と、ハイテンションなことばで話されていました。つぎつぎに語られる小さな（せつない）エピソードをお聴きしながら、私もこのお母さんだったら、そのようなつらい感情をもつかもしれないなと思いました。

そうしてしみじみとお話をお聴きしているうちに、このお母さんは、私を見て「先生は不思議な人だ……どうして私がこんなにダメな親なのに、話を聴いてくれるのですか？」と、ややことばのテンションを落として語りはじめました。

「先生、私、ほんとうはとってもいい親になりたかったの」

「いい親になりたかったんですね……」

「そう、いい親、すごくいい親、子どもがここに生まれてよかったといつも言ってくれるようないい親」

「うん、いい親……。お母さんが考える『いい親』ってたとえばどんな親ですか？」

「そうだな、あっそうそう、北海道のシチューのコマーシャルがあるでしょう。あんな感じかな……。寒い冬の日に家のなかはぽっかぽかで、親子みんなそろってさ、笑いながら熱いシチューをいただくの」

私は、このお話をお聴きしながら、こうしてあたたかいシチューを家族で食べられるような風景は、かさこじぞうのじいさまとばあさまのいろりばたの風景と同じように、ほんとうは人間としてあたりまえの願いだったのではないかと思いました。それと同時に、自分の子育ての風景を思い出しながら、〈北海道のシチューのコマーシャルのようにはいかなかったな〉とも思い、このお母さんは、いい親でありたい、いい親にならなくてはいけない、という思いが、アドバルーンのようにとても大きくふくらんでいらっしゃるのではないかと感じました。

そして、現代日本社会のあたりまえの生活で、あたりまえのように生まれる、自分のいたらなさを責める気持ちや、自分の根っこに眠っている願いを聴きとられ、ことばにすることを手助けしてもらいながら、自分が自分であって大丈夫と感じられる世界へと伴走してくれるだれかが、地域社会のなかにたくさん生まれたらどんなにいいだろうと考えました。

※「よい子」でないと見捨てられる？

「よい親」への強迫感が強い日本社会ですが、実は子どもも同じような強迫感を抱いているように思うこともしばしばあります。

ある男の子は、「よい子」としてがんばることに疲れると、その日に先生からいちばんほめられた友だちの靴を隠していました。その男の子の姿は、自分がほめられなくてはいけないという焦りから、自分以外の友だちが先生からほめられると自分が愛されなくなるのではないか、見捨てられてしまうのではないか、という不安に駆られているようにも見えました。一生懸命つま先立ちで「よい子」にしないと見捨てられるかもしれないいまの社会は、そういう「焦る気持ち」を多くの子どもに与えているのではないでしょうか。

もちろん、何かができるようになること、わかるようになること、まちがえなくなることが、大人から（あるいは友だちから）ほめられるのは、決して悪いことではありません。それらの経験そのものは、子どもにとってはとても嬉しいことなのだと思います。

しかし、その一方で、なかなかわからない、なかなかできない、何度やってもまちがってしまうというときに、私たちが、おずおずととまどう子どもの姿とどう向かい合うのかによって、そのわかる喜び、できる喜びの（その子にとっての）意味が、かなり違ってくるのではないか、とも思うのです。

うまくいっているときには、蝶よ花よとほめられるが、うまくいかなくなってしまったときには、さっと視線をそらされてしまう。おとなの望みどおりにがんばれば愛してもらえるが、望みどおりにいかないときには無視されてしまう。このような落差の大きい向かい合い方を長い期間やられると、ある困難と直面したときに、大好きな人の期待にこたえられないときに、その大事な人から見捨てられるのではないか、という不安を抱え込んでしまうのではないでしょうか。

※人材競争社会が「不安」を生むとき

この不安の「芽」は、すでに乳幼児期にもあるように思います。たとえば保育園や幼稚園で、子どもたちが鉄棒あそびをしているときによくこのような風景に出会います。

だれかじょうずな子が、逆あがりをやるのを見て、まだできていない子たちが、おずおずと挑戦をはじめます。そういうときに、じょうずにできる子は、まだできていない子を見て、とまどいながらも懸命に教えたりすることがあります。できなかった子がようやくできたときには、できた本人よりも、その子に教えつづけていた子の方が小躍りして喜んでいます。このような姿は一昔前はよく見られたと思うのです。

ところが、生活のセイフティ・ネットの見えにくい不安な競争社会を生きているいまの日本の子どもたちにとっては、それが違う姿になってしまう。たとえば、逆あがりが上手にできたお友だちを見たとたんに、妙にしらけたようにその場を立ち去る子がいます。よく聴いてみると「いいもん。オレべつに鉄棒なんか好きじゃないもん」

とつぶやいていますが、決して鉄棒にはさわろうともしません。

お友だちと一緒にお絵かきなんかしていても、自分以外にほめられる子が何人かいると、絵を描く手がピタッと動かなくなる子がいます。

「あの子は、ほめられる絵が描けるけど、私はほめられる絵が描けないのではないか」とかなり強い不安に襲われてしまう子です。このような子どもたちが、できなかったらどうしよう、わからなかったらどうしよう、というある種の「予期不安」を高め、それが臨界点を超えたときに突然パニックになるということも日常的におきている出来事だと思います。

つまり、他人よりできなかったら、他人よりわからなかったら、大事な人から愛してもらえないのではないか、いや、見捨てられるのではないかという漠然とした不安は、現代日本の社会を生きる子どもたちにとって、もっとも悪性の不安の一つに数えてまちがいないと思うのです。

※効率主義、業績主義、成果主義

これだけ際限のない（そして安心感のない）市場競争に依存しながら行われる効率

優先社会、「おれはこんなにがんばっているのにおまえはなんだ」と子どもに思わず言いたくなってしまう社会のなかを多くの親たちもまた生きているのです。

お父さんお母さんが個人的に未熟だから、あるいは人間ができていないから精神的困難を抱えているわけでは必ずしもない。悪性の不安が蔓延《まんえん》してきていることと、この日本社会の情勢がしだいに新自由主義の政策に舵《かじ》をとられているということとは決して無関係だとは思えないのです。

しかも、この政策から生まれる仕事は、人間と経済とが相伴って発達していくような、懐の深い、遠く広い見通しのある創造的な戦略よりも、当面の経済効率第一主義(人間発達第二主義の)、業績主義、成果主義の場当たり的な戦略に頼らざるをえなくなってしまいます。そのなかで当面売れそうな人材の(人間のではない！)「能力」が値踏みされ、褒章《ほうしょう》が与えられていきます。

ですからその反対に人材として売れなくなると、つまり商品価値がなくなると、懲罰が与えられ見捨てられていくこともしばしば起こってしまいます。

そもそも人間の能力は、もともと個人のなかだけにあるのでもなければ、個人だけがもっているのでもありません。そうではなくて、人間の能力は、さまざまな人と人との絆《きずな》のなかで、しかるべき状況で発揮されるものなのです。ある人間の（潜在能力を含む）能力を個人の「自己責任」のみに還元することは原理的に考えてそもそもとても不可能なことだといわざるをえません。

※傷ついた人びとが未来《あした》を準備している

いま、暴力的な業績競争主義のなかで傷つかざるをえなかった子どもたち、傷つかざるをえなかった親や教師たちがたくさん出てきています。傷ついた子ども、傷ついた親、傷ついた教師たちがたくさん生まれています。こんなに一生懸命がんばってきたはずなのに、なぜここから一歩も前に進めず、なぜこれほどまでにつらい思いをしなければならないのだろうと苦悩し揺れている子どもや父母や教師たちが、いまたくさん生まれているのだと思うのです。

しかし私は、ある意味では、こうした状況が際立ってきたことのなかに、ほのかな希望があると思っています。

それは今日の社会のなかで、傷ついた親たちや子どもたちや教師たちが、沈黙の響きで身を寄せ合い、その絶望と不安の塊を、ぽつりぽつり、おずおずと言葉にし、語り合いはじめている。そのしたたかな芽吹きのなかから、私たちの社会の新しい民主主義社会（平和の文化を創造しながら「安心と自由」が実感できる社会、しかも一人ひとりが誇りを持って社会の主人公になれるような社会）への脱皮がはじまっているのだと思うのです。

》第８話《

夢みる「ムーミン谷」の子どもたち

――公的責任をたいせつにする福祉国家フィンランド

※安心して「ありのままの自分」でいられる幸福

フィンランドの南部にあるターンペレに、ムーミン童話をテーマにした小さな博物館があります。そこのパンフレットに、こんな一節があります。

ここ、ムーミン谷は
ドキドキするような
それでいて、安心していられるようなところです。

またここは、あなたが、ありのままの
自分でいられるところです。
あなたは、ときには子どもであり
また、ときには大人でいられるところです。
ムーミン一家に
ぜひ会いにいらしてください。
ムーミン一家は幸福ですが彼らにとっては、それがごくあたりまえなので彼らがとても幸福なんだ
ということにすら気づいていません。

フィンランドは、ヨーロッパの北部にある国で、その名のとおり、森や湖が多くとても美しい国です。人口は約五二〇万人（これは北海道の人口とほぼ同じか、やや少ない程度）。この国に流れているのは、このパンフレットのとおり、安心と独立と自由の風です。

子どものような心をもちながら、大人になることのできる社会、安心しながら自由に生きられる社会、他人とともにありながらも、自分が自分であって大丈夫と感じられる社会。フィンランドには、いまでもこのように希望の風が吹いているように思われます。

※五年ぶりのフィンランド

二〇〇三年の九月末から約二週間、私は、都留文科大学の田中孝彦さんや森博俊さんと一緒に、教育調査研究のため、このフィンランドに渡航しました。フィンランドは、五年前に、半年間滞在した国でしたので、懐かしさもひとしおでしたが、今回の調査研究には、以前よりもさらに強い思いがありました。

一つは、発達した資本主義の国でありながら、とても高い水準の社会保障を維持しているフィンランドの人びと（とくに子育てや教育にかかわる発達援助者たち）が、いま、どのような夢や不安をもって生きているのか、その心の声が聴きたいということでした。

もう一つは、そうした発達援助者たち（親や教師たちを含む）が、どのような子ども理解や発達援助の考え方を語り合い、構想し合っているのか、さらに深く知りたいということでした。

わずか二週間という短い期間でしたが、「臨床教育学」という新しい分野を開拓したいと願っている同僚たちとの旅は、ハードながらも、未来へのささやかな兆《きざ》しを感じさせてくれるものでした。

※普通の人々が主人公の社会

いま、いわゆる先進国と呼ばれる国ぐにのなかに、二つの世界があるように思います。

一方は、アメリカ合衆国に代表される世界です。これは、なにが売れるかという市場競争をとことん推し進めて、その競争に勝ち残った人たちが幸せになればいいという原理でうごく世界です。勝つも負けるも個人の自己責任。それでもがんばって市場競争に勝てば幸せになるのだから、そっちのほうが自由でいいのではないか、という考え方に立つものです。

他方は、いわゆる北欧を含む欧州共同体（ＥＵ）の先進国のように、個人の努力に応じた報酬はそれなりに認めながらも、教育・医療・福祉など、本来公的責任で保障すべき世界は、しっかり守っていこうと考える社会です。そこには、だれもが人間らしく生存し、成長し、発達する権利を保障されなければ、ほんとうの「安心と自由」はない、という考え方があるように思います。

いまの日本では、建設や土木など巨大な公共事業に関わる省庁の予算権限がとても大きいのですが、フランスやフィンランドでは、逆に、教育や医療や福祉に関わる省庁にとても大きな予算権限があります。日本と欧州諸国は、予算の優先順位が逆転（逆立ち）しているのです。私は、こうした欧州諸国のなかでも、とくにフィンランドにつよい関心を抱いていました。

もちろんフランスのように知識人主導で、熱い権利意識の高まりから、よい意味での個人主義を徹底させた後の市民的公共圏にも関心はありました。しかし、ロシア帝国やスウェーデン王朝という大国に翻弄されながらも、自国の民話（カレワラ）を復活させ、ごく普通の民衆や、市井の芸術家たちが、おずおずとした生活の歩みを重ね、国家の独立を勝ちとったフィンランド。そこで暮らす普通の人びとが、実直につむぎあう市民的公共の世界（福祉共同体）にも、とてもつよく惹《ひ》かれていました。

※安心のある社会が「経済成長」を支える

世界経済フォーラム（ＷＥＦ）が発表した二〇〇一年版の国際競争力報告によると、フィンランドは国際競争力が世界第一位にランクされています（ちなみに同年の日本のランクは二一位でした）。これは世界の携帯電話市場のトップシェア（約三五％）を誇るノキア社を初めとするＩＴ関連産業の強さが主な要因とされています。国内経済ではフィンランドは、福祉・教育・医療など、みんなの生存と成長と発達を保障しあう公共の予算が、ここ数年、国民総生産（ＧＮＰ）の四〇％を超えています。これは、日本の現状と比較すると、とても高い割合です。

安心と自由を軸に政策を展開してきたフィンランドが、順調に経済成長し、安心と自由を一部の恵まれた階層の人々にしか保障しない路線で政策展開してきた日本が、経済の低落と、長引く深刻な不況にあえいでいるというのは、なんとも皮肉としか言いようがありません。ちなみに、フィンランドの人々の労働時間は短く、週末や夏季・冬季の長期休暇（バカンス）は、こころから楽しんでいるように感じられました。これも日本とは対照的だと思いました。

もちろん国家の経済状況は、単純な方程式で解けるものではありません。しかしフィンランドの安定した経済成長にとって、市民的公共の世界を崩さず、だれもが安心と自由を実感できる社会を守りはぐくんできたことが大きな底力になっているのではないか、と推察することはできるのではないかと思います。

むろんこの国の税率の高さ（とくに高額所得者への高さ）はありますが、教育も、福祉も、医療も、公的にはほぼ無償に近い自己負担率で保障されるのですから、安心感が違います。

この高福祉国家のなかで、困ったときに助け合える仲間を確信しながら、穏やかに誠実に地歩をすすめてきた民衆が、フィンランドの経済成長を支える、一つの重要な要因になっていることは間違いないように思われます。

※給食はタダで食べ放題！

五年前、私の息子は、フィンランドの公立小学校の四年生のクラスに入りました。そこは、中国、ロシア、ソマリアなどいろいろな子どもたちが集まるクラスでした。慣れない文化、通じない言葉など、息子もかなり不安だったとは思いますが、フィンランドの小学校の先生は、そんな息子をたいへん大切にしてくださいました。

そんな息子が、学校に通い始めて数日後に、「フィンランドは学校が楽な感じがする」と、いいはじめました。

「何が楽なの？」

「父さん、聞いてびっくりするなよ、フィンランドでは給食が食べ放題なんだ」

「そう、そりゃあよかったなあ」

「それからね、父さん、おまけに給食はただ、ただで食べ放題なんだよ」

先生にお聞きすると、ただなのは給食費だけでなく、教科書は無論のこと、多くの諸費も通学バスの定期も国の経費でまかなわれるのだということを聞いて驚きました。

小学校は都市部でも平均して一五～二〇人、それくらいのクラスですから先生の目も行き届いているように感じました。

フィンランドの人びとにとって教育は、公共性の高い問題です。だれもがハンディを負ってはならない問題なのです。だから、この国では、小学校から大学、大学院に至るまで、一部の私立学校以外、学費は原則として一切とらない仕組みになっていました。

※発達援助は「共同支援」が基本

一方、特別に配慮しなければならない子どもがいる場合には、親や教師（指導員）が一人で悩むことなく、ともに知恵とちからを発揮しながら共同できる仕組みも創られていました。

今回、訪問した小学校では、週に一回、ケースカンファレンスが開かれていました。参加者は、進路指導や生活指導の専門家である学校カウンセラー（日本のスクール・カウンセラーとは役割が違います）、主に心理的な悩みや不安の相談活動の専門家である学校サイコロジスト、発達障害などの相談や援助にあたる特別支援教育の専門家、そして学校保健の専門家（日本でいえば養護教諭）、それぞれが二名ずつ。そこに学級担任や教科担任の教師も参加して、子どもの深い理解と、それにもとづく発達援助のありかたを、みんなで検討しあうカンファレンスが実施されていました。

このチームのひとたちは、地域の援助者たちとも協力し合いながら、この学校のなかで働いている常勤職の人びとです。彼ら・彼女らは、近い将来、地域において深い困難を抱えた子どもたちの援助に従事している学校ソーシャルワーカーにも、このカ

ゆったりとした読み語りからはじまるフィンランドの保育園の朝の風景

ンファレンスに参加してもらいたいとも語ってくれました。

　このような異なる専門性を持つ発達援助者たちが、一堂に会し、子どもが抱えている困難を、相互に理解し合い（たがいに責め合うのではなく、たがいに支え合いながら）共同的に援助していく仕組みが創られていることに改めて驚きました。

※小さな灯りに身を寄せ合うとき

　時をゆっくり味わいながら生きる、困ったときにはみんなで支え合うのが当然——そういった社会を、みんなで語り合い、創りあげてきたところにフィンランドのすばらしさがあるのだと、このたびの調査研究の旅のなかで何度も感じさせられました。

フィンランドの人たちは、しみじみと語り合うことが大好きでした。冒頭のムーミン童話の世界のように、語り合いとおもてなし（ホスピタリティ）の思想にいくつも出会うことができました。

また、フィンランドの人たちは、机の上のろうそくの小さな灯りをとても大事にしていました。現代の日本人は、暗闇や暗さをできるだけ排除しようとしていますが、フィンランドにいると、暗い世界をいとおしむことができることも、人間にとって大切なことなのではないかと思うから不思議です。

人間にとって、ほの暗い中で肩を寄せ合いながら語り合う喜びは、何にもまさる贅《ぜい》沢《たく》なのかもしれない……フィンランドという北欧の福祉国家で、そんなことを考えました。

》第９話《

ひとりで悩まない、ひとりで抱え込まない

――「共依存」ではなく美しい人間愛へ

※人情があつい美しい人

かわいいわが子が困っているときに何とかしてやりたいと思うのは人情です。わが子の痛みを、まるで自分の痛みであるかのように感じることのできる親は、情けの深い、美しい人なのだと思います。

わが子が悲しみを抱えたとき、できればその悲しみを自分が代わりに背負いたいと思う。わが子に再び笑顔がもどるためならば、自分にできることなら何でもしてあげたいと思う。そう思うことは、とても自然なことなのだと思います。教師や指導員の

場合もそうです。この子は、いま辛いのだろうな、寂しいのだろうなと、子どもの気持ちをまるでわがことのように感じてしまうことは、何も悪いことではありません。しんどい毎日をけなげに生きているかわいい教え子のために、自分の苦労もかえりみず、ひと肌もふた肌も脱いで奮闘したいと感じることそのものは、何も悪いことではないのだと思います。

しかし、いま、このように人情肌で「やさしい」援助者が、たいへんな困難に直面している場合も少なくありません。なぜなのでしょうか。

※「幸福の王子」の悲劇

このように心あつき人びとと出会うと、私は「幸福の王子」という美しい物語（オスカー・ワイルド作）を思いだします。それはおおよそ次のような話です。

昔ある街に、美しい王子の銅像がありました。その銅像は全身宝石でできていて、眼にはサファイア、刀の柄にはルビーが埋め込まれ、身体に金箔が貼られていました。その銅像があまりにも立派なので、人びとはそれを「幸福の王子」と呼んでいました。

ある日、一羽のツバメがその王子の肩にとまりました。見ると、王子は泣いていました。

「王子さま、どうして泣いているのですか」

「ツバメよ、私は悲しくてならないのだ」

「どうして悲しいのですか。あなたはこんなにきれいで立派なのに」

「ツバメよ、むこうに見える家の屋根裏をのぞいてごらん。子どもが病気で寝ている。そのそばに看病で疲れきった母親が眠っている。この親子は貧しくて、薬も買うことができないのだ」

王子はそういって涙を流しました。

「ツバメよ、お願いだ。私の刀の柄からルビーを抜きとり、あの親子のところに届けてくれないか。私はどんな姿になってもかまわない。かわいそうな人たちが幸せになることが、私の幸せなのだから」

ツバメは、王子に言われたとおりルビーを抜きとると、看病で疲れて眠っている母親のそばにそっとルビーを落としてやりました。王子はとても喜びました。

それからツバメは、毎日、王子に頼まれて、かわいそうな人たちのもとへ、王子の身体を削り届けることになりました。

「ツバメよ、もう私は、目が見えない。どうか私の代わりに、かわいそうな人たちをみつけておくれ。そうして私の身体に貼ってある金箔をはがして、その人たちにあげておくれ。私はどんな姿になってもかまわない。その人たちが、幸せになることが私の幸せなのだから」

やがて秋がきました。美しかった王子の身体は、みすぼらしい姿になりました。街の人たちは、もうだれも王子をほめなくなりました。

やがて街は冬になりました。ある日、最後の仕事を終えて戻ってきたつばめに王子は言いました。

「ありがとう。つばめよ。今まですまなかったね。どうか南の国に帰っておくれ。本当にありがとう」

あれほど美しかった王子の姿はぼろぼろでした。寒い北風が、金箔のなくなった王子の身体に冷たくつきささっていました。

「王子様、私はもうあなたのそばをはなれません。いつまでもいっしょにいます」

つばめは王子の肩にじっと寄り添いました。ある雪の日、降りしきる雪のなか、つばめの身体は、王子の足元に落ちました。そしてそのとき、王子の心臓もはりさけ、王子の銅像は、街の人びとの手で壊されてしまいました。

その晩、空から天使が降りてきました。天使は王子の足元に落ちているツバメと王子の魂を手のひらにそっとのせると、静かに天国に昇っていきました。


悲しみを抱えた子どもに心震わせ、この物語の王子のように、ひたすら我が身を削る。その肩にツバメのような援助者が寄り添い、その王子の力になりたいと願う。気づいたときにはツバメも命尽き、王子の銅像は崩落する。

これが悲劇であることはいうまでもありません。求めれば求めるほど、願うこととは正反対にものごとが動く……。それが悲劇です。この昔話では王子が願ったことも、ツバメが願ったことも、その美しい思いとは裏腹に、悲しい結末を迎えてしまいます。

もちろん最後に天使が二人の魂を救済してくれるのですが、しみじみとせつない物語です。このような悲劇は、わたしたちの身近な実践のなかにも見え隠れしているように思われます。

※パニックの連鎖

ある一人の（ときには数名の）子どもが、ささいな（外から見たときにはそうとしか思えないような）出来事をきっかけに「パニック」になることがあります。教師は、その子どもを大切に思い、その子の思いを受けとめ、一生懸命に理解しようとします。するとそれを見ていたほかの子どもが「あの子ばかり大事にされてずるい、自分もあんなふうにしてほしい」とばかりに「パニック」になります。そこへ教師がかけつけ、その子にもよりそい、その子の思いを大切に受けとめながら理解しようとしていると、「ぼくも、私も大事にして！」とばかりに「パニック」になります。こうした「パニック」の連鎖が、教室や保育現場のあらゆる秩序を崩壊させてしまうこともあります。

その情景は、宮崎駿さんの「千と千尋の神隠し」という映画作品で、燃料運びを千尋に手伝ってもらった一匹のすすわたりを見て、大勢のすすわたりが一斉にぺたぺたとつぶれていく姿とよく似ています。

※心やさしい教師（援助者）の悲しみ

今日、人情肌で心やさしい教師（援助者）たちが、深く傷つき、その場にたたずまざるをえないような状況と出会うことが多くなったように思います。世間の一部で報じられているように、必ずしも「指導力」や「能力」がないから、困難を抱えているというわけではないのだと思います。

たとえば、現代の子どもたちが、自分の心の奥深く眠り込ませている不安や恐怖（被虐待体験による心的外傷の場合が多い）は、人情肌の（しばしば温情主義的な）おとなに投影（projection）しやすいために、人情にあつい教師（援助者）ほど、傷ついた子どもたちから激しい攻撃性を見せつけられるケースが少なくありません。

このように、心あつい人情肌の教師や援助者たちのなかには、そのまっすぐなやさしさゆえに、困難をひとりで抱え込み、「幸福の王子」の悲劇を招いている場合が少なくないように思われます。

※人間愛か、共依存（co-dependency）か

この「幸福の王子」の悲劇を理解するためは、心理学や社会学がいう「共依存」的な対人関係が参考になるように思われます。ギデンズ（Giddens）は、共依存を次の

ように定義しています。

「共依存症の『人』とは、生きる上での安心感を維持するために、自分が求めているものを明確にしてくれる相手を、一人ないし複数必要としている人間である。つまり、共依存症者は、相手の要求に一身を捧げていかなければ、みずからに自信を持つことができない。共依存的『関係性』は、同じような類の衝動的強迫性に活動が支配されている相手と、心理的に強く結び付いている間柄なのである」（『親密性の変容』〈而立書房〉松尾精文ほか訳）

ギデンズによると、共依存症の人たちは、いつも自分を価値の低い者と感じ、自分が他者になくてはならない者であろうと努力し、他者へ一方的に奉仕し、他者の世話をやくことによって、知らず知らずのうちに、その他者が自分へ依存するように導くのだといいます。

あの子にはどうしても私が必要だとか、私がいないとあの子はだめになってしまうというように、思い込んでしまうことで、結果としてその子が自分に依存するように

「操作」しようとしてしまっていることに気づいていないというのです。なかなか考えさせられる指摘だと思います。

※ヘルプ・ミー（助けて）と言えるとき

今日のような社会状況のなかでは、誠実な教師（援助者）ほど、たいへん多くの悩みを抱えることはあるし、どんなに強く人情のあつい教師（援助者）でも、そこで立ちどまって悩むということ（前にも後ろにも進めない状況のなかで思わずその場にたたずんでしまうということ）はありえるのだと思います。

ダメな教師（援助者）だから困難を抱えているのではない。誠実な教師だからこそ困難と向き合い、後ずさりせざるをえない。職場の同僚たちと語り合うときも、こういう前提に立つことが、いま特にたいせつなことなのだと思います。

前任の大学院のゼミナールで、福祉分野の大学院生が、教育分野の院生に言いつづけたことがありました。それは、教育関係の人たちは、どうしてひとりで背負い込もうとしてしまうのか。どうしてヘルプ・ミー（助けて）と言えないのか。難問だったらなおさらみんなで知恵を出しあおうという姿勢になればいいのに、どうしてそうならないのか、という問いでした。

教師の仕事は、尊厳と専門性のある発達援助の仕事だからこそ、個人的なスタンドプレイはなじまないのだと思います。たいせつなのは、悲しく深い困難を、ひとりで抱え込まずに、複数の同僚や専門家たちと、穏やかに語り合い、(責めあうことなく)理解しあうことだと思います。

※おずおずと語り合う「絆《きずな》」から

宮崎駿さんが描かれた「風の谷のナウシカ」という作品があります。地球に腐界《ふかい》が広がっていく。その瘴気《しょうき》を少し吸っただけでも肺がやられてしまうほどの恐ろしい腐界が広がっていく。しかし、主人公のナウシカはその腐界の底に、実はきれいな砂が生まれていることを知る。新しい社会が、新しい世の中の新しい萌芽《ほうが》が、腐界の地の底で確実に芽吹《めぶ》いていたことに気づく。

いま、深い悲しみや傷つきを抱えた父母や教師や子どもたちがたくさん生まれている。しかしその地の底では、その人びとを守ろうと、あるいはその子たちの力になろうと、自分たちの悲しみや辛さを互いにおずおずと語り合いながら、とぼとぼと歩みだす「美しい人びと」の絆が生まれている。

いまさまざまな困難をひとりで抱え込まずに、なかまと一緒に向き合う「親の会」の活動が、全国の津々浦々に広がりつつあります。実はこうした新しい絆のなかから、民主主義の新しい芽（安心と自由をしみじみと味わいながら小さな希望へ歩むことのできる社会への第一歩）が、穏やかに育まれてきているのではないかと思うのです。

いまこそ、親も教師も援助者も、悲しく深い実践の困難を、決してひとりで抱え込まずに、同僚や先輩たちと一緒におずおずと語り合えるようなホンモノの学習の場が必要なのだと思います。

現代の「幸福の王子」が、ツバメとともに破壊的な結末を迎えることなく、新しい「幸福」をさがしだすために。そして「共依存」に陥ることのない美しく深い人間愛をたいせつにするために。

》第10話《

子どもとのほどよい距離感覚

――エンパワメントの発達援助学

※子どもの悲しみは私の悲しみ

かなしみと
わたしと
足をからませて　たどたどとゆく
（八木重吉『貧しき信徒』所収「悲しみ」より）

深い悲しみを生きている子どもと出会うとき、思わず心が震えてしまうことがあります。その震えは、ときに自分の思いを超えて大きくなり、自分で自分がわからなくなるほど激しいものになる場合もあります。

子どものつらさや悲しみが、親や教師（援助者）である自分の心の奥深くを揺さぶり、何とかしてあげようにも何もしてあげられない自分を責めつづけるしかない日々もあります。

このように子どもの悲しい思いを深く経験することのできる親や援助者は、情け深いやさしい人なのだと思います。私も、このように「たどたどとゆく」人びとを心から尊敬しています。

しかし、悲しい思いをしている子どもを愛《いと》しく思えば思うほど、自分の心も激しく震え、その振幅がしだいに大きくなる場合もあります。気がつくと、親や援助者が、子どもを「ああ、かわいそうに」と思い込むあまり、こちらから一方的に「愛情」を与えつづけていることがあります。

ところが、こうして「愛情」を注げば注ぐほど、子どもの心の揺れが激しくなることが少なくありません。愛すれば愛するほど、子どもが揺れていく。愛しいと思えば思うほど、子どもが力をなくしていく。これは親や援助者としてとてもつらい経験です。

※こんなに愛しているのに、なぜ……

このようなせつなく悲しい対人援助のケースに出会うたび、父権温情主義（パターナリズム）と呼ばれる関係を思いだします。

それは、伝統的な家父長制《かふちょうせい》によく見られた父子関係のようなものだと考えられています。その第一の特徴は、援助者（親や援助者）が被援助者（子ども）を、絶対的な権力で支配しながら、一方的かつ断続的に過剰な援助を与えつづけ、その結果、被援助者である子どもの主体性や当事者性を奪い、無力（powerless）にしてしまうところにあります。

子どもが悲しみを背負っていることが我がことのようにつらくてたまらない、と感じることが悪いわけではありません。悲しみも、苦しみも、深く理解しようとすることは、援助者にとってとてもたいせつな力だと思います。

しかし、その「愛情」が、相手の意思もおかまいなしに、「かわいそうだから、○

○してやろう」と、一方的・温情的・断続的である場合には、せっかく相手のなかに芽生えつつある「自己回復力」や「自己決定力」を見失ってしまうばかりか、それらを奪ってしまうことになりかねません。

これがさらに進むと、「私は、おまえをこれほど深く愛しているのに、なぜおまえはそれを喜んでくれないのだ」、「私が、こんなに深く愛してあげているのに、おまえはなぜ私を信頼して（愛して）くれないのだ」というように、子どもへの「愛しさ」とは裏腹に、子どもへの「恨みがましさ」が心を支配するようになる場合すらあるのです。これも親や援助者にとっては、とてもつらい体験です。

※父権温情主義《パターナリズム》の姿勢とまなざし

ある小学校の教師は、教師の「身体的距離」の相対的な近さ、なれなれしさと堅苦しさの裏側に、伝統的父親の温情にも似たまなざしや身構えが隠されているのではないか、と指摘していました。これは、ある意味では「父権温情主義」のまなざしと姿勢だと考えられます。

これは「おまえのためなら何でもしてやるぞ」というように、かわいい子分たちを

「愛情」のまなざしで守る強さ（親分肌の人情）を持つ反面、その子分たちをいつも自分の「まなざしの範囲」に抱え込もうとする傲慢《ごうまん》さを隠し持っています。

親や援助者から、いつもこのように向き合われていると、子どもは不安でたまらなくなります。やさしくされればされるほど、相手に飲みこまれる恐怖を感じてしまう場合が多いからです。

※回復と発達の主人公は子ども自身である

子どもの悲しみを「ふん、ふん、わかった、わかった」とわかったふりをする「受容」も、「おまえのためならなんでもしてやる」という家父長的な「温情主義」も、その愛情が、一方的で思い込みに満ちているところに共通する特徴があります。

私たちがこうしたかたちだけの「受容」や、家父長的な「温情主義」に陥っている場合、あるたいせつなことが忘れられてしまっているのだと思います。それは、親でも教師（指導員）でもなく、まさに子どもこそが回復と発達の主人公であるということです。

たとえば八歳の子どもは、たんに児童期の未熟な子ではありません。八年数か月というかけがえのない人生を歩んできたひとりの立派な人間です。親や教師たちに援助されながらも、親や教師とは独立した人生を生きているひとりの人格なのです。

※子どもの「生命力」へのまなざし

冒頭に紹介した八木重吉の詩集『貧しき信徒』、『秋の瞳』のなかに子どもを謡う三編の詩があります。

こどもが
せっせっ　せっせっ　とあるく
すこしきたならしくあるく
そのくせ
ときどきちらっとうつくしくなる

ちいさい童《こども》が
むこうをむいてとんでゆく

たもとを両手でひろげて　かけてゆく
みていたらば
わくわくと　たまらなくなってきた

おさない日は
水が　もの言う日
木が　そだてば
そだつひびきが　きこゆる日
（『定本・八木重吉詩集』彌生書房）

子どもをしみじみと見ていると、このような子どもの姿に、にやりとしたり、どきりとしたりすることがしばしばあるように思います。

児童期の子どもばかりではありません。思春期や青年期の子どもたちもそうです。子どもは、どんなに悲しみを背負っていても、ほのかな、そしてもごもごとした「根源的生命力」を必ずもっている。教育相談では、その生命力に驚くことがしばしばあります。

どんな困難な状況にあっても、つらい体験や心の傷から回復する力、悲しさやせつなさを小さな肩に背負いながら発達する力は、なによりもまず子どものなかにあるのだと思います。親や教師（援助者）の仕事は、それを見つけ、その自己回復力や自己発達力と響きあうような援助をしていくことなのだと思います。

※自分の人生という物語の著者《オーサー》になるとき

こうした子どもの生命力へ働きかける発達援助の営みを、教育学では、エンパワメント（empowerment）と呼んでいます。

それは、自分の主権《パワー》を奪われていた人びとが、日常の支配的な権力関係のなかで、自分が無意識のうちに無力にさせられていることに気づくことからはじまります。ブラジルの教育学者、フレイレは、そのような気づきを人間の良心のめざめ（conscientization）と呼んでいます。

学校に行く（学びあう）元気をなくしている子どもたちも、学校で暴力的になる（度重なる人間不信から攻撃的になる）子どもたちも、自分がそうならざるをえなかった状況に気づくことが、そこを生き抜いてきた自分を無条件にいとおしみ、自分は愛されるべき存在だという自己感覚に気づき、かけがえのない自分の人生を回復し、それをふたたび歩みなおしていくためのたいせつな第一歩だというのです。

こうして人生における著者性《オーサーシップ》（私の人生という物語の著者は私自身だという自己感覚）を回復しつつある子どもたちが、対話し、共同しはじめると、個人のなかに眠り込んでいる潜在能力が発揮されはじめます。しみじみと聴きとりあい、それにもとづいて知恵とちからをだしあうなかで、自分でも気づけなかった能力が発揮されていくことがあるということは、私たちもしばしば体験することではないでしょうか。

自分を苦しめていた抑圧的で不平等な関係に気づき、それをくみかえながら、最終的には真に対等・平等（peer）な社会を構築しあう主人公に成長していく。こうした一連の過程がエンパワメントという発達援助の営みなのです。

※悲しい子どもとのほどよい距離感覚

ある研究会で、当時中学校教師の福井雅英さんは、激しい暴力をふるう中学生に向かい合うみずからの姿勢を次のように語ってくれました。

「……暴力事件をとめに行けば、屈強な教師が何人もよってたかって暴れている子どもの手をみんなで抑えつける。非常に強く持っていないと殴りかかっていくわけですから、止めていないとだめだと思ってしまって、ひたすらぐっと止める。しかしだんだん強く縛ると、そのことが余計に反発を生んで、自分が縛られているという感覚が爆発して、もうでたらめな反撃を食らうわけですね。そういうときにやはり少し緩みのある制止の仕方だとか、危ないと思ったらパッと力を入れるけれども、それ以外はずっと力をゆるめていることが必要なんです。そして、『やめろやめろ』、というかわりに、耳元で、『もうわかった。ちょっと止めて落ち着けよ。ちょっと離れよう。向こうへ行こう……』、というふうな対応になるのです」（『臨床教育学の試みⅢ』日本教育学会課題研究委員会）

福井さんにとって、激しく暴力をふるう子どもの姿は、絶望とかすかな希望とのあいだを揺れながら「だれかほんとうのオレと向き合ってくれよ」と叫んでいる姿に映ったのかもしれません。暴力に象徴されるような荒廃した生活のなかに、もう一つの生活への希求がせつなく揺れているように思えたのかもしれません。

福井さんが激しく暴れる子の耳元で「やめろ！　やめろ！」といわずに「わかった、わかった、向こうへ……」といったのは、暴れている子のなかに、せつなく激しく揺れている想いが「わかるような気がした」からであり、それをじっくりと聴きとってみたいと思ったからではないでしょうか。

子どもに学ぶ、子どもと学ぶということを私たちはよくいい合います。しかし、それは親や援助者の「上」に子どもを置いて、なんでもふんふんと受け入れることでもなければ、親や援助者の「下」に子どもを置いて、望むことならなんでもしてあげることでもないのだと思います。

子どもを、現在という時代をともに生きているひとりの独立した人格としてとことん尊重し、対等・平等に、その声を聴きとり、対話し、ともに未来を見つめあえるようになったときにはじめて、悲しみを抱えた子どもとほどよい距離感覚で向かい合える親や援助者になれるのだと思います。

》第11話《

癒される心、励まされる心

――聴きとり語り合う絆を「回復」するために

※響きあわない身体の悲しみ

給食が食べられないで緊張が高い子がいました。見ていましたら、たしかにお弁当が食べられない。その園では一般的な長方形の食卓でした。しかし食卓の一辺だけあけて（なるべく子どもどうしが向かいあわないように）すわらせていました。お弁当が食べられない子が、となりの子とかなり距離をおいて、だれとも向かいあうこともなく、ひとりで身体をこわばらせていると、そこをとおりかかったある先生が声をかけました。

どのように声をかけられるのか見ていましたら、その子どもとテーブルをはさんだ位置から（約一・五メートルほど離れたところがら）、「今日はどう、食べられる？　無理しなくていいのよ……」といって立ち去られたのです。おやおや、どうしてこんな狭い机をはさんで子どもに声をかけるのだろうかと、少し不思議に思ったことがありました。

※お腹がへった、お腹がへった

あるベテランの先生からこんな話をお聞きしたことがあります。小学校一年生にやはり同じように給食が食べられない子どもがいたそうです。その先生は、その子の後ろに回って、その子の肩を抱き込むようにして、小さな両手をそっと握りしめて、「お腹さん、お腹さん、きょうはおいしいごちそうが食べられるかな」なんていいながら、「お腹がへった、お腹がへった」って「おまじない」をかけて、お腹のあたりを静かに撫でてあげると、一瞬、その子の表情がゆるみ、その子の硬直していた身体の筋肉がやわらかくなり、その子と響きあう「瞬間」を感じたというのです。

その子は、そっと一口食べられるようになった。よかったねと、ほほを寄せてあげると、また一口食べられるようになった。何かとても原始的な風景だと思うのですが、そういう身体と身体が響きあって「ああわかってくれたんだ」という何ともいえない原始的な感触、そういうものが、子どもたちの世界から、だんだんなくなっていってしまっているのではないでしょうか。

※偉大な守護の樹（ユグドラシル）

北欧の神話に、ユグドラシルという永遠の生命をもつ世界樹が登場します。それは、その枝が世界中にひろがり、天にも届こうかというほどの大きなトネリコの樹で、世界全体を守っています。

このユグドラシル（世界樹）には、三つの大きな根があります。そのひとつは、凍った霧と闇の国に届き、いつも悪い竜や蛇たちにむさぼり食われています。ユグドラシルは、日々その痛みに耐え、苦しみながら生きている不思議な樹として語られているのです。

もうひとつの根は、神々が会議をする国（アースガルズ）のウルド（運命）の泉というところにあり、そのほとりに住む、過去、現在、未来という三人のウルネ（運命の女神）によって守られています。この女神たちの仕事は、悪い竜や鹿たちに痛めつけられている世界樹ユグドラシルが腐らぬよう、神聖な泉の水を毎日かけながら癒すことです。

もうひとつの根は、ヨーツンヘイムという巨人の国にあり、その根の下には、智恵の源であるミーミルの泉があります。

北欧神話では、このユグドラシルという世界樹は、世界の崩壊と再生をも生き抜く永遠の守護の樹として描かれています。これほどの偉大な世界樹が、日々わが身をむさぼり食われる苦痛に耐えながらも、三人の運命の女神に癒され、知恵の泉をえながら青々と葉を茂らせているのです。

※自分の心と身体にしみじみと相談する

このユグドラシルの姿は、ある意味では、今を生きる親や援助者そのもののように思えます。子どもの生命と発達を守りはぐくむ子育ての仕事は、現代社会では、我が「根」を引きちぎられるほどの痛みを伴うことも少なくありません。

こんなに一生懸命に愛情深く接しているのに、なぜあの子はそれに気づいてくれないのだろう。自分の育てかたや指導のありかたが悪いからなのだろうか。もしそうだとしたら、親や教師（援助者）をやっている資格はあるのだろうか。こんな親でごめんね。こんな教師でごめんね。思わずそんな言葉が頭のなかに渦巻く日もあるだろうと思います。

しかしそれは、親として教師（援助者）として、とても誠実な歩みをしている証拠《あかし》だと思うのです。子どもの生命と発達を守りはぐくむ一人の人間として、自分の心とからだに相談して嘘のない自分を生きようとしているから、本気で悩み、本気でとまどうことができているのだと思うのです。

自分の心と身体にしみじみと相談しながら生きる力（自己一致〈self-congruence〉できる力）は、いま人間発達援助の専門職に欠かせない大切な能力のひとつだと思います。

自分の「根」を深く傷つけられ、むさぼり食われてもなお、「運命の女神」や「知恵の泉」に癒されながら、とぼとぼと歩みつづけることのできる親や援助者たちが、いま全国にたくさん生まれているのだと思います。そうだとすれば、その事実こそが、これからの日本の未来にとって、とても大きな希望につながるのではないでしょうか。

※守りはぐくみあう絆の再生

はるか太古の昔から、子どもたちは、親や学校教師ばかりでなく、近所のおじさん・おばさん、お兄さん・お姉さんなど、地域で出会うたくさんの援助者の絆や人垣に見守られながら、ともに癒しあい、励ましあいながら育ってきたのだと思います。

それは、援助者どうしにも言えることです。親や教師をはじめ、地域で子どもの生命と発達を守りはぐくむ人たちは、不安や困難を決してひとりで抱え込まずに、おずおずと、ときにはおおらかに語り合いながら、ともに癒しあい、励ましあいながら生きてきたのだと思います。その小さくも美しい絆のなかから生まれてきたのが地域の発達援助者の仕事です。

たとえばいま全国で広がっている学童保育もその一つです。いま学童保育の広がりは、子どもの生命と発達を守りはぐくむために必要な人間どうしの絆を、それぞれの地域に再生（新生）しているのだと思います。その意味で、学童保育の指導員の方々は、今日、地域における発達援助力の再生を担う重要な専門家集団なのだと思います。

※物語共同体という「いろりばた」

この発達援助の専門職には、子ども理解の深い洞察力とそれにもとづく発達援助の構想力が必要です。

いま、親や援助者にもっとも求められているのは、揺れる子どもの心の声をしんみりと聴きとりながら、援助者自身が自分の心と身体にしみじみと相談したときに生まれる「自分の言葉」で語る（語りあう）力を回復することではないでしょうか。

こうした発達援助の営みをナラティヴ・セラピーと呼ぶことがあります。これは、昔から伝承されてきた民衆の語り（語り合い）という原始的《プリミテイヴ》な世界と、今日の近代化されたカウンセリングの世界とを結びなおしたものだと考えていいと思います。私はこのようなセラピーが実現される発達援助の場を「物語共同体」（聴きとり語りあういろりばた）と名づけています。

物語共同体では、不安や困難を抱えた人びとの前で、「明るく元気」な自分を演じる必要はありません。むしろ、つらいときや困ったときに、黙ってそっととなりにいてくれる〈となりのトトロ〉のように、自然体のかかわり方のほうがたいせつだと考えます。物語共同体はいわゆるカウンセリングだけに求められるのではありません。共同のものづくりや表現活動でも同じことが言えると思います。共同でものを創作しあうときにも、子どももおとなもともに、もごもご・おずおずと聴きとりながら語りあう姿勢が受容され、それをしみじみと味わえることが大切だと考えます。

たくさん失敗し、たくさん無駄もしながらおずおずと表現したことがおおらかに受容されながら、たくさんの人たちとの絆のなかに生きていることを実感できるような物語共同体（いろりばた）が、いま必要なのだと思います。

よわねを吐いても決して見捨てることはない。自分には、がんばれる自分もいるし、がんばれなくて立ちどまってしまう自分もいる。それがまるごと自分自身なのだ。そのまるごとの自分が大好きだと思えるような自己感覚が、いまの子どもを深くとらえるときにとても大事なのではないかと思ったからです。

おわりに

私は、いま北海道教育大学の大学院に勤めています。この大学院（学校臨床心理専攻）には、子どもの心を深く理解できる教師やカウンセラーになりたいという青年たちがいます。また、幼稚園、小学校、中学校、高等学校など、厳しい現場で働きながら、教職の専門性を高めたいという教師たちがいます。さらには、親として、地域の子ども支援施設の指導員として、切実な問いをあたためながら研究を深めたいという人びともいます。

講義・演習や教育相談の多くは、夜六時から十時過ぎの時間です。おだやかに「おつかれさま、今日もたいへんだったでしょう」と声をかけ合うのがあいさつです。講義の後は、研究室であつい紅茶をいただきます。吹雪の夜景をみつめながら厳しい教育現場に生きる人びとの声をしみじみと聴きとります。そしてそれを第一線の学術研究と結びつけながら、他にかけがえのない修士論文のテーマをつむぎあいます。

矛盾の多い現代社会に傷つきながらもなお生きているいまの子どもや親や教師たち。その深い体験から生まれる一回性の声を聴きとること、その当事者のつらさやせつなさに心を寄せながら、冷静に、沈着に、おだやかにそれを理解し、それにもとづく援助のありかたを構想しあうこと。それが私の仕事だと思う毎日です。

人間理解への深い洞察力とそれにもとづく発達援助の構想力を高める学問分野を、私たちは「臨床教育学」と呼んでいます。この本では、教育学のなかに新しい研究潮流として生まれつつあるこの「臨床教育学」の視点をたいせつにしたいと考えました。私自身が、直接あるいは間接に、我が身をもって体験した発達援助にかかわる具体的エピソードから「問い」を生成し、それを科学的あるいは芸術的に概念化していくという研究と叙述の方法は、「臨床教育学」を発達援助にかかわる多くの人びとと共有するための、ささやかな試みになったと思っています。

最後に、読者のみなさんに、五つのメッセージを贈りたいと思います。

①「ひとりでがんばれ」というよりも「ひとりではがんばるな」と語りたい

ひとりでがんばれとよく言われます。たしかにひとりでもがんばる必要のあるときはあります。しかし、ひとりだけでがんばらねばならない、と自分で自分を追いつめることと、ひとりでもがんばってみようと自分で自分を励ますこととは、まったく違うのではないでしょうか。

がんばれるところまでは、がんばってごらん。でも、がんばれなくなったらいつでも帰っておいで。つらいときはひとりで抱え込まずにみんなで支え合うこと。これが人間としてとてもたいせつなこと。だからつらいことやしんどいことがあったら、ひとりだけでがんばらずに、まずそのことを安心して伝えてほしい。そう語りたいと思います。

②「甘えるな」というよりも「もっと上手に甘えなさい」と語りたい

いつまで甘えているのだ、もっと自立しろ、とよく言われます。たしかになんでもかんでもべたべたにもたれかかって自分はなにもしようとしないような姿勢は、困ります。しかし、甘えるなということが、人に頼るなという処世訓になってしまうと話は別です。

ひとは依存しながら自立していくもの。懸命に生きていて、あるとき深くつまずき、どうしようと思う。そんなときには甘えに帰るおひざは必ずあるよ。充電がきれたときは、いつでも充電においでと言ってもらえなかった子、どこを探しても帰るおひざがない子どもたちが増えているように思います。

いま大きな不安を抱えてＳＯＳを出している子どもたちには、ヘルプ・ミーといってもいい、いまこそヘルプ・ミーというときだと語る必要があることもあるのだと思います。

③「早く、早く」というよりも「もっとゆっくり味わいなさい」と語りたい

早くしなさい、早く食べなさい、いつまでグズグズしているの……こう言わない日はありません。日々、時間に追われる毎日のなかで、子どもたちに、ゆっくりやりなさい、もっとあじわいながらやりなさいと、言えないつらさがわたしたちの日常にあります。

早くできて早く仕上がることは、成果主義の競争社会ではあたりまえの風潮になっています。それが私たちの日常生活にも深く浸透してきているのでしょうか。しかし、早く、早く、と追い立てられているときにも、実はとても美しい出来事がまわりにた

くさん起きているはずです。それを見つけられる力をつけてあげたいと思います。

④「やればできる」というよりも「時間かければ必ずできる」と語りたい

やればできる、やればできるのになぜやらないのか、と責め立てられることがしばしばあります。しかし、私たちの仕事や生活には、やってもやってもなかなかできないことが、むしろ多いのではないでしょうか。

そんなときには、時間展望を遠くにもって、時間をかければ一歩でも二歩でも前に進める、後ずさりしながらでも前に進める、と語ってみたらどうでしょう。そうすれば、おだやかに、自分を愛することもできるのではないでしょうか。そうか、自分は時間をかければできる人間なのだと感じる（信じる）ことによって、自分でも気づかなかった不思議な力がわいてくることもあると思うのです。

⑤「まちがうな」と責めるよりも「いっぱいまちがってみなさい」と語りたい

まちがわないように、まちがわないようにとおびえさせるよりも、自分でまちがいに気づき、そのまちがいの誠実な乗りこえ方をこそ、しっかり学習してほしいと思うのです。

私たちが願う民主主義の社会（本当の自由と安心のある社会）は、人間が全くまちがわなくなる社会ではないのだと思います。何かやろうと思ったら壁は必ず立ちはだかるし、それを乗り越えていこうと思ったら、いっぱい失敗もする。

失敗をしたときに、ああ失敗をしたんだ、おれはやっぱりダメな人間なのだと、自分をいたずらに傷つけていくのではなくて、失敗をしたときに、人を信じて仲間の知恵と力を借りながら、そこをトボトボとのり越えていく。そうか、この激しい吹雪のときが春を準備するたいせつなときなのかと、しみじみと思えるような子どもたちをどう育てていくか。それを考えていきたいと思うのです。


この本は、二〇〇三年四月から二〇〇四年三月までの一年間、全国学童保育連絡協議会の『日本の学童ほいく』誌に連載したものをベースに生まれました。この連載中、多くの読者の方々から励ましのメッセージをいただきました。この連載を終始あたたかく応援していただいた編集部の卯城ひさゑさんに心からお礼申し上げます。

都留文科大学の田中孝彦さんや武庫川女子大学の小林剛さんをはじめ「臨床教育学」

を構想しあっている研究仲間たち。いまも困難や苦悩をともに分かち合っている広島や北海道（檜山《ひやま》郡上《かみ》ノ国《くに》町）の教師たち。実践検討会で事例研究を重ね合っている学童保育の指導員の方がた。そして北海道教育大学の大学院学校臨床心理専攻の同僚や院生のみなさん。この本は、こうしたすばらしい人びととの出会いと共同研究なしには生まれませんでした。

最後に、この本の出版をお勧めいただき、ていねいな助言と励ましをいただいた高文研の飯塚さんはじめ皆さまに心から感謝申し上げたいと思います。

この本が、困難の多い現代社会に生きる発達援助者たちへの小さな希望の物語になることを願ってやみません。

二〇〇四年五月　札幌にて

庄井良信

庄井良信（しょうい・よしのぶ）
1960年、北海道美幌町に生まれる。広島大学大学院教育学研究科博士課程、広島大学教育学部助手、県立広島女子大学・生活科学部・人間福祉学科助教授、フィンランド・ヘルシンキ大学在外研究員を経て、現在、北海道教育大学大学院（独立専攻）学校臨床心理学講座・教授。
専門分野は、臨床教育学。さまざまな悩みや困難を抱えた家庭・地域・学校教育の現場と手をつなぎながら、教育相談活動に参画している。
著書に『癒しと励ましの臨床教育学』（かもがわ出版）、『揺れる子どもの心象風景』（新読書社）、『臨床教育学序説』（柏書房）、『学びのファンタジア』（溪水社）、『教育方法学』（福村出版）、編著書に『フィンランドに学ぶ教育と学力』（明石書店）、訳書に『拡張による学習』（新曜社）などがある。

自分の弱さをいとおしむ
——臨床教育学へのいざない

●二〇〇四年　六 月一五日————第一刷発行
●二〇一〇年　七 月　一 日————第五刷発行

著　者／庄井　良信
発行所／株式会社 高 文 研
東京都千代田区猿楽町二－一－八
三恵ビル（〒一〇一＝〇〇六四）
電話　03＝3295＝3415
振替　00160＝6＝18956
http://www.koubunken.co.jp

組版／株式会社WEB D（ウェブディー）
印刷・製本／精文堂印刷株式会社

★万一、乱丁・落丁があったときは、送料当方負担でお取りかえいたします。

ISBN978-4-87498-326-3　C0037